DEVS SCIENTIARVM DOMINVS EST
EX LIBRIS
QVOS TESTAMENTO SVO
LARGITVS EST HVIC DOMVI
M. PHILIPPVS DESPONT
PRESBYTER PARISIENSIS ET
DOCTOR THEOLOGVS.
ORATE PRO EO
Et
Discite in terris quorum
Scientia vobis perseueret
in coelis
Hieronimus
Epist. 103

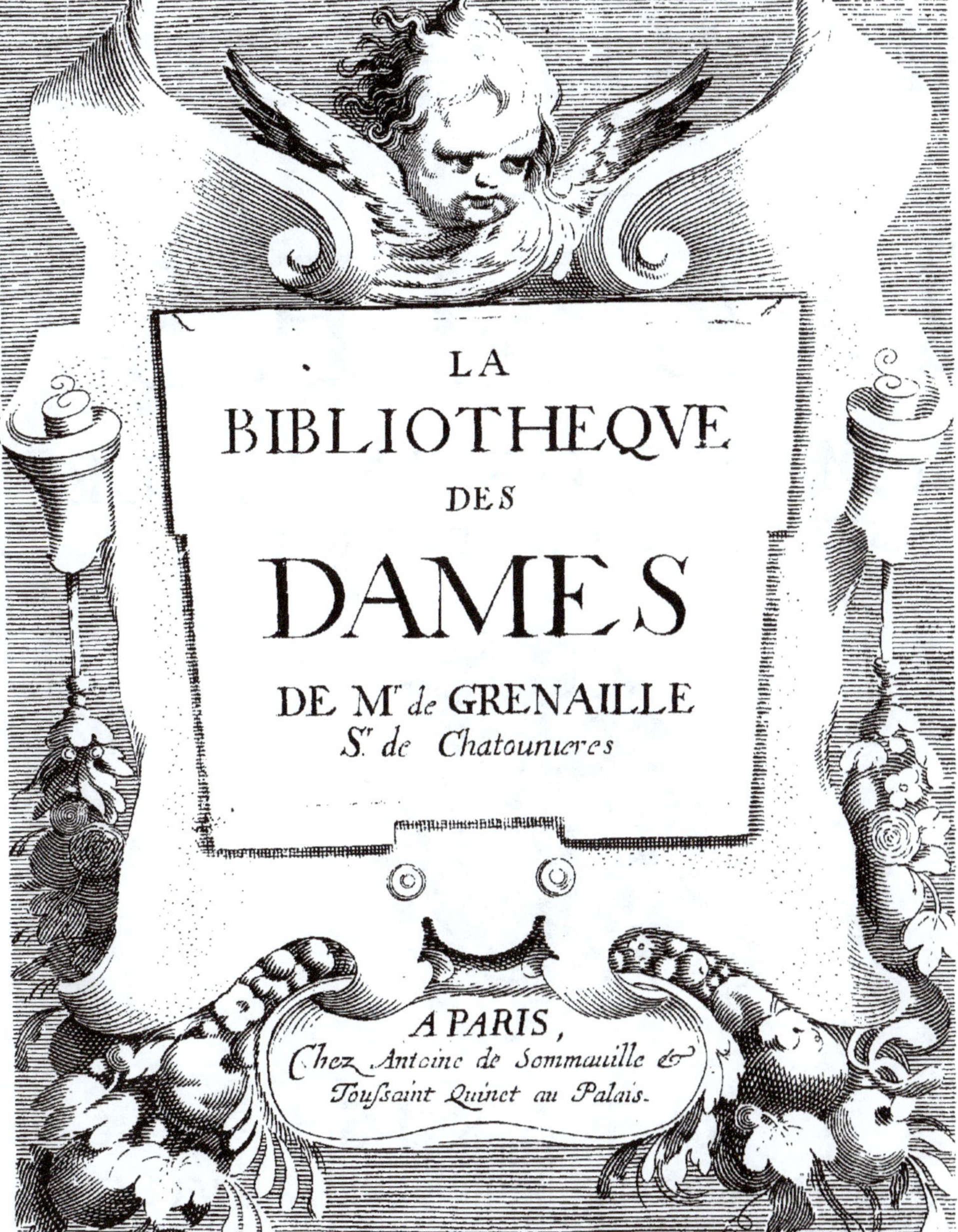
LA
BIBLIOTHEQVE
DES
DAMES
DE M. de GRENAILLE
S. de Chatounieres
A PARIS,
Chez Antoine de Sommauille &
Toussaint Quinet au Palais.

# LA BIBLIOTHEQVE DES DAMES.

## Par M<sup>r</sup> DE GRENAILLE

### SIEVR DE CHATOVNIERES.

A PARIS,

Chez ANTHOINE DE SOMMAVILLE,
Au Palais, dans la gallerie des Merciers,
A l'Escu de France.

M. DC. XL.

*Auec Priuilege du Roy, & Approbation.*

# A MADAME,
# MADAME
# LA DVCHESSE
# D'AIGVILLON.

ADAME,

*Ie vous offre vne Bibliotheque dans vn seul Liure, & expose premierement à vostre veuë ce que ie dois representer aux yeux de toutes*

ã

les Dames, ſçachant bien que voſtre approbation ſeruira de reigle à leurs iugements, comme
vos Vertus ſeruent de modele à leurs perfections. L'excellence de voſtre eſprit, Madame,
vous donne vn Empire que voſtre beauté
vous confirme, & que voſtre qualité ſecon-
de, de telle ſorte que vous ſemblez eſtre parmy les perſonnes de voſtre ſexe ce qu'eſt le
plus grand MINISTRE du monde, par deſſus
celles du noſtre. Il eſt tout puiſſant dans le
Conſeil, & vous regnez dans le Cercle; il
eſt reſpecté ſouuerainement de toute la France, & vous en eſtes adorée. Pour moy apres
auoir conſideré tant d'auantages que le merite vous a donnez, auſſi bien que la nature & le bon-heur, ie n'euſſe oſé me preſenter
deuant vous, ſi les plus grands Genies du
Chriſtianiſme ne m'euſſent ſeruy d'introdu-
cteurs comme ie leurs ſers d'interprete. Ils
viennent admirer auecque moy ce zele ar-
dent qu'ils auoient pour la Religion renou-
uellé dans voſtre ame, & cette noble alliance
que vous faites de la Grandeur auecque la
Pieté. Si Tertullien viuoit auiourd'huy, il
auöeroit que vous auez plus de retenuë que

celles qu'il blâme n'ont eu de diſſolution , & que vos exemples ont plus d'efficace pour apprendre aux femmes la modeſtie, que tous ſes Auertiſſements. Au reſte vous poſſedez en effet ces Diuines qualitez, dont ſainct Paulin propoſe l'idée à Celantia , & Sainct Hierôme faiſant l'Eloge de quelques Dames de Rome ſemble compoſer le voſtre. Vous auez auſſi bien que Paula vn parfait meſpris du monde parmy la pompe des honneurs qui vous enuironnent de tous coſtez , & vous vous maintenez, abſolumēt incorruptible parmy les corruptions du ſiecle. Enfin voſtre vie me paraiſt ſi glorieuſe que ie crois donner de l'eſclat aux plus grandes lumieres de l'Egliſe, en faiſant voir leurs eſcrits ſous voſtre nom. Cette proteſtation que ie fais icy, Madame, vous doit eſtre d'autant moins ſuſpecte de flatterie, qu'elle part du meſme ſtyle qui publie les ſentiments des plus ſeueres Docteurs qui ayent iamais eſcrit ſur la Morale Chreſtienne. J'eſpere que l'eminence de leur dignité couurira l'indignité de celuy qui vous preſente leurs ouurages , & qu'en les regardant d'vn œil de reſpect ſuiuant vos loüables inclinations, vous

me dédaignerez pas de voir auec quelque sorte d'agréement

*MADAME,*

Voftre tres-humble, tres obeïffant,
& tres-fidelle feruiteur,
CHATOVNIERES DE GRENAILLE.

# Aduis aux Dames.

ES DAMES,

Vous auez l'esprit trop bon pour ne deuoir
iamais rien lire, & les yeux trop beaux pour lire
tousiours. Ie vous presente donc vne petite Bibliotheque qui vous puisse desennuyer en vous
instruisant, & vous profiter en vous faisant passer doucement quelque moments de vostre vie.
Ie n'ay garde de vouloir faire icy le Maistre des
Maistresses de tout le monde, mais ie croy que
vous ne vous rebuterez pas d'ouïr mon langage, sçachant qu'il ne vous produit que les sen-
timents des plus grands personnages de tous
les siecles passez. Quittez vn peu les Romans
pour trouuer icy d'excellentes veritez, & ne faites pas plus d'estat de vostre satisfaction tem-
porelle, que de vostre salut eternel. Si la seuerité des discours que ie vous offre semble chocquer la delicatesse de quelques vnes de vostre
sexe, qu'elles s'en prennent à Saint Hierosme &

é

à Tertulien, ou qu'elles auoüent que ie ne puis
mal raisonner apres de si bons genies. Vous
pourrez remarquer encor que i'ay aporté beaucoup d'adoucissement, où ils sembloient vn
peu rigoureux, & tasché d'énoncer à la mode
de la Cour ce qu'ils ont escrit dans la solitude. Apres tout si les censures d'Afrique vous es-
pouuantent, representez vous que c'est à des
Carthaginoises, & non pas à des Françoises
qu'elles s'adressent.

Les deux premiers traictez quoy que fort an-
ciens sont fort propres pour le temps, puis qu'vn
Docteur traictant des Ornements des femmes
pour en reformer le luxe, seconde les Edicts du
Roy par ses auertissements. Qu'on ne craigne
pas la barbarie de son pays, ie ciuilise vn peu sa
ferocité; Ie veux arrester auec luy les dissolutions, mais ie fauorise la bien-seance de nostre
Nation. Au reste i'vse de la mesme liberté enuers les escrits de Tertulian, dont il s'est seruy
pour corriger les deffauts du plus beau sexe du
monde. Cela veut dire que comme i'y ay adiou-
sté beaucoup de choses, i'en ay retranché d'autres qui me sembloient ou trop hardies, ou su-
perfluës. Ie n'ay pas tousiours esclaircy le sens
de mon Autheur, mais c'est qu'en certains endroits il semble auoir vne obscurité incapable

de lumiere. C'eſt pour cela qu'vn Docteur a dit
qu'il ny a point de lieu où les brillans ſoient ſi
proches des tenebres, que dans les écrits de ce
grand homme. Car outre que les couſtumes d'a-
preſent ſont differentes de celles du temps où il
a veſcu, cét excellent eſprit, dans la profondeur
de ſon ſçauoir, parle touſiours plus qu'il ne con-
çoit, & ſemble pluſtoſt nous donner des Enig-
mes à deuiner que des maximes à ſuiure. On
dira ſans doute que mon ſtile eſt plus foible
que le ſien, mais i'ay à reſpondre, que la douceur de noſtre climat ſemble autant haïr la
trop grande force, que la molleſſe. Enfin ie ne
regarde pas tant ce qui s'eſt dit dans l'Afrique,
que ce qui ſe doit dire dans la plus belle partie
de l'Europe.

Les autres pieces qui compoſent plus de la
moitié du corps de ce Liure ne vous ſont pas
moins vtiles, Mes Dames, quoy qu'elles ſoient
plus conformes à vos plus douces inclinations.
Vous y admirerez la douceur d'vn S. Paulin,
qui par la facilité de ſon ſtile ſemble leuer toutes les difficultez qui ſe rencontrent dans le
monde pour la pratique de la vertu. Il rendroit
la ſainĉteté fort aymable, quand elle ne le ſeroit pas d'elle meſme. D'ailleurs le grand Saint
Hieroſme monſtre le reſpect qu'il porte à vo-

ſtre ſexe parmy ce grand meſpris du monde,
dont il fait vne ſolennelle profeſſion. Il vous
loüe & vous exhorte tout à la fois. Il vous four-
nit à meſme temps des enſeignements & des
exemples pour bien viure. Au reſte ſon diſcours
a de la delicateſſe & de la ſeuerité, de la ſechereſſe & de l'abondance. En vn mot il eſt agreable par tout, quoy qu'il ne ſoit iamais complai-
ſant. Ie vous aduoüe neantmoins que ie ne vous
donne pas toutes ſes penſées non plus que toutes ſes parolles. Non pas que ie veuille corriger celuy que ie prends pour directeur, mais
pource que chaque langue à des graces particulieres pour ſes expreſſions, auſſi bien que pour
ſes termes. Ie ne ſuis donc pas préuaricateur,
mais ie faits vne paraphraſe au lieu d'vne ſim-
ple verſion.

Que ſi mon deſſein vous plaiſt, Mes Dames,
ie taſcheray de vous donner plus de ſatisfa-
ction en vous donnant dans pluſieurs parties
ſuiuantes, toutes les pieces qui concernent les
perſonnes de voſtre ſexe, & fouïlleray bien
exactement toutes les Bibliotheques des hommes pour remplir celle des Dames. Ie pourſui-
uray donc mon ouurage par des traictez de pieté, dont les moindres ſont touſiours plus conſiderables que les plus grands des profanes. Ainſi

donc ie traduiray d'autres lettres de S. Hierof-
me, & en ioindray quelques-vnes de Sainct Au-
guftin, auec plufieurs difcours qu'il a faits en
faueur des Dames; La Veuue de S. Ambroife
n'y fera pas oubliée, non plus que la Penitente
de fainct Eucher. Des Peres Latins, ie pafferay
aux Grecs, pour vous donner la Gorgonia de
fainct Gregoire de Nazianze, l'Olympia de
fainct Chryfoftome, & tant de beaux traictés,
qui femblent eftre maintenant des fecrets pour
vous, quoy qu'ils n'ayent efté publiez qu'en
confideration des perfonnes de voftre fexe. A-
prez les Autheurs facrez, ie m'attacheray aux
profanes. Ie vous donneray entre autres ces
deux excellentes confolations que Seneque
enuoye à Heluia & à Martia, où ce grand Efprit fait voir que les Dames ne font iamais plus
heureufes, que lors qu'elles font plus affligées.
Enfin comme ie vous honoreray durant tout le
cours de ma vie, ie tafcheray toufiours d'efcrire
quelque chofe à voftre honneur ; ce ne fera
pourtant pas pour idolatrer la beauté de voftre
corps, mais pour embellir voftre ame.

Ce trauail fera grand, mais il ne fera pas
inutile, s'il vous peut eftre agreable. Or i'ef-
pere que le deffein ne vous en déplaira pas, veu
que ie ne l'ay entrepris que dans le defir que i'ay

ẽ iij

de vous plaire, & de contribuer autant aux ornemens de voſtre interieur, que d'autres contribuent à ceux de voſtre figure. Vous ne me
ſçaurez pas mauuais gré de vous auoir fait ſouuenir de l'eternité dans le temps, & d'auoir voulu empeſcher les défauts de voſtre eſtat, pour
en faire mieux reluire les perfections. Mais
comme ie n'ay trauaillé qu'en faueur des honneſtes femmes, ie ſerois bien marry d'auoir l'approbation des Coquettes. Mon Liure ſeroit
bien mauuais, ſi elles en faiſoient vn bon iugement. Pour les hommes, ie ſçay que pluſieurs
ſeront bien aiſes que les Docteurs de l'Egliſe
empeſchent les exceſſiues dépences de leur maiſon, & obligent les femmes d'agréer à leurs
marys, au lieu de vouloir plaire indifferemment à tout le monde. Outre que les enuieux
meſmes ne ſçauroient regarder cet ouurage de
mauuais œil, y apperceuât d'abord l'excellence
de vos traits. Ie ſçay que vous reglez les opiniõs
de tous les meilleurs eſprits, comme vous en
gouuernez les cœurs. Donnez donc à ce Liure
l'honneur de quelqu'vne de vos œillades, & vous
verrez tous les Autheurs ialoux de mon ouurage: en ce que paroiſſant à voſtre veuë auec quelque ſorte d'agréement, il aura vn bon-heur
qu'ils briguent tous d'auoir la perſonne.

# TABLE DES TRAICTEZ DE LA Bibliotheque des Dames.

## LIVRE PREMIER.



## LIVRE SECOND.

# TABLE
# DES MATIERES PRINCIPALES
contenuës dans la Bibliotheque
des Dames.

# Table des matieres principales.

# Table des matieres principales.

# Table des matieres principales.

# Table des matieres principales.



## FIN DE LA TABLE.

*Approbation des Docteurs.*

NOus soubsignez Docteurs en Theologie de la Faculté de Paris, certifions auoir leu & diligemment examiné, vn Liure intitulé, *La Bibliotheque des Dames, composé par Monsieur de Grenaille sieur de Chatounieres*, auquel nous n'auons rien trouué contraire à la Foy de l'Eglise Catholique, Apostolique & Romaine. En foy dequoy nous auons signé. A Paris ce 9. May 1640.

F. CLAVDE VANIER, Docteur Regent au grand Conuent des Carmes.

F. GEORGE LEVESQVE, Docteur Regent au grand Conuent des Augustins de Paris.

*Fautes à corriger dans la Bibliotheque des Dames.*

Pag. 9. ligne 12 dans le commencement, lisez dés le commencement.. P. 14.
l. 11. compartir, lis. compatir. Là mesme l. 12 du superb , lis de la superbe. P. 15.
l. derniere des choses, lis de ces choses. p. 21. l 16 il ny a que ceux qui la portent qui reconnoissent, lis. il n'y a que celuy qui la porte qui reconnoisse. p 24.
l. 2 la nature, lis sa nature. pag. 1 .l. 14 auez perduës, l. l'aurez perduës. p. 46.
l. 7. les brule, lis. les gaste. pag. 52. l 2 .on voye les causes, lis. on voye les suites.
pag 4. l. 11. ostez car. p. 65. l 8. qui leur trenchera la teste, lis qui les trenchera.
p. 74 l 1. de viure, lis. de vie. Là mesme, l. .que tarder. lis que de tarder. p. 80.
l. 15 & nos mœurs, lis de nos mœurs. pag. 87 l 10. fameuse, lis. infame. pag. 91.
l. 6 non pas à ces hypocrites, lis non pas à la façon de ces hypocrites. p. 95. l. 22.
qu'ils, lis qu'elles. pag. 112. l. 4 genereusement, lis generalement. pag 138. l. 9.
n'esperoit, lis. n'espereroit.. pag. 145. l. se mettre, lis. se ietter. pag. 157. l. 5. ne
les vit, lis. ne le vit. pag. 171. l. 3. de reseruer. lis. de se res-ruer Là mesme l 4.
souuienne toy, lis. souuiens toy. Là mesme l 8 & couronnes, lis. & leurs couronnes. pag. 198 l. 18. l'ennemy, lis. celuy. pag. 217. l. 6. à reuerer, lis de reuerer.

Les autres fautes ne sont pas moins considerables, mais elles sont plus aysées
à reconnaistre.

# LA
# BIBLIOTHEQVE
## DES
## DAMES
### LIVRE PREMIER

# ARGVMENT.

E n'est pas par vne hayne secrette que Tertullian semble escrire contre les Femmes, mais plutost par l'affection qu'il a de contribuer à leur perfection. Il a fait ce Traitté pour corriger les excez, & non pas pour chocquer la bien-seance. Il se rend vn peu seuere, afin que son discours soit plus efficace. Outre qu'il sçait bien que les bonnes coustumes sont plus difficiles à introduire que les abus. On doit encore considerer en lisant auiourd'huy ses Liures, en quel temps ils ont esté composez: Il viuoit en vn siecle où les Chrestiens estoient tous les iours en danger de souffrir la mort. Les Persecuteurs les regardoient plutost comme des victimes, que comme des hommes, dont il fallust épargner le sang. Enfin les Fideles estoient tousiours, ou tourmentez ou recherchez. Tertullian pour les disposer au mépris de la vie, vouloit premierement persuader le mépris des delices qui l'accompagnent, & s'efforçoit de leur retrancher toutes les superfluitez, afin qu'ils eussent moins de peine à se passer des choses mesme necessaires. C'est pour cette raison aussi

qu'il declamoit contre les secondes nopces, craignant que les
attaches du mariage n'empeschassent en quelque façon la
liberté de la foy : comme d'autrepart il loüoit le Celibat,
qui empeschant les hommes d'auoir des enfans, les empeschoit d'auoir des inquietudes. Mais pour ce que les exemples des Dames ont esté de tout temps presque tout-puis-
sans pour le bien & pour le mal, il écriuit ces deux auertissements pour blasmer quelques femmes, qui ne sembloient auoir embrassé la Religion, que pour rendre leurs
dissolutions sacrileges, aussi bien que criminelles. Il montre
donc aux autres, en décriant celles-là, qu'il ne faut pas
qu'elles ayent vn soin excessif du corps, veu qu'il faut qu'il
soit bien tost tourmenté, & qu'elles doiuent souffrir, ou
par effect, ou par desir, les plus rudes efforts de la tyran-
nie. Enfin il tasche de releuer la foiblesse de leur sexe par la
force de ses raisons, & ne luy defend le desir de se faire
voir au monde, que pour le rendre capable de se faire admirer du Ciel.    De cette consideration generale, venons à la
distribution particuliere. Il diuise ce premier Liure en diuers Chapitres, que ie traitte neantmoins dans vne mesme
suite, pour renforcer ses raisons en les assemblant. Au premier Chapitre, il monstre que les femmes ont grand tort de
s'orner extraordinairement, veu que la Penitence doit faire la plus belle monstre de leur estat. Il leur fait voir que la
vie dissoluë de quelques vnes, est vne auantcouriere de leur
mort, & qu'elles ne semblent couronnées, que comme des
victimes destinées aux sacrifices de l'Idolatrie. Dans le se-

cond il prouue que les ornements exceßifs des fēmes eſtãs des
inuentions , ou des faueurs de Satan, elles ne les peuuent
rechercber ſans perdre leur ame, ⁊ porter des preſages de
leur damnation future. Dans le troiſieſme , aprez auoir dit
vne ſi bonne verité, il taſche de prouuer vne erreur touchant la Prophetie d'Enoch, qui pour eſtre citée par des
Autheurs Ortodoxes, ne laiſſe pas d'eſtre apocryphe ; ⁊
pour ce que ſon raiſonnement eſt vn peu hors d'œuure en
cét endroit , auſſi bien que contre l'opinion de l'Egliſe Catholique ; i'ay creu obliger Tertullian en ſuprimant vne
de ſes fautes. Ce n'eſt pas que ie le mépriſe, mais i'eſtime
plus la raiſon ⁊ la foy que tous les Docteurs enſemble.
Le quatrieſme Chapitre eſt employé à verifier que quand le
luxe des habits ne ſeroit pas vn ouurage des Demons, il ne
laiſſeroit pas d'eſtre iniurieux ou dommageable aux filles
des hommes, ⁊ qu'il les fait ſoupçonner legitimement, ou
de ſuperbe, ou de peu d'honneſteté. Le cinquieſme nous fait
voir, que l'or ⁊ l'argent qu'on eſtime tant dans le monde,
ne ſont que de vils excrements de la terre, ⁊ qu'eſtans
moins neceſſaires que le fer ⁊ que l'airain, ils deuroient
eſtre moins precieux : mais il ne faut pas s'eſtonner, ſi ignorant la nature dẽs choſes, nous ſemblons ignorer leur qualité. Le ſixieſme nous declare pareillement, que les pierres
qu'on appelle precieuſes, ne ſont que des morceaux de roche;
⁊ que ſi l'huiſtre n'auoit point de baue, les femmes n'auroient point de perles. Par le ſeptieſme l'Autheur fait voir
que c'eſt la rareté qui fait eſtimer les choſes, ⁊ non pas leur

excellence : Ce qu'il prouue par l'exemple des Estrangers,
pour blasmer nostre aueuglement, en luy opposant leur sagesse. Dans le huictiesme, il nous apprend que Dieu ne peut
pas se plaire aux couleurs, qu'il ne semble pas produire, &
que ce sont plutost des marques du Corrupteur, que de l'Autheur de la Nature. Enfin le dernier Chapitre conclud que
c'est l'ambition qui porte les femmes au luxe, & non pas la
necessité : & que si elles ne vouloient pas estre veuës plus
qu'il ne faut, elles ne voudroient pas estre trop aiustées. C'est
là que Tertullian reprend la dépence excessiue des femmes,
qui portent apparemment tout leur bien sur elles-mesmes,
& qui appauurissent des maisons qu'elles deuroiët enrichir.
Qu'on prenne garde neantmoins, qu'en parlãt aux dissoluës,
il ne s'adresse point aux Dames, qui ont autant de retenuë
que de beauté. Il s'en prend au vice, mais il n'attaque pas
la vertu : aprez tout, ne s'attachant qu'aux habits & aux
ornements, il veut espargner les personnes.

# LA
# BIBLIOTHEQVE
## DES DAMES.

---

*Tertullian des Ornements des Femmes.*

## LIVRE PREMIER.

### ES DAMES,

I.   Si la Foy eſtoit auſſi grande ſur la terre, que
ſes recompenſes ſeront amples dans le Ciel, il n'y
auroit pas vne perſonne de voſtre ſexe, qui ayant
vne fois connu le vray Dieu, n'aymaſt mieux eſtre
agreable à ſes yeux, que d'auoir bonne grace deuant le monde.  Au lieu de rechercher des habits

magnifiques, vous feriez gloire de l'humilité, &
plusieurs d'entre vous donneroient plus de marques de leur penitence, que de leur luxe. Elles son-
geroient à expier par leurs bonnes œuures, le mal
qu'Eue fit à tout le genre humain , quand pour
satisfaire à son appetit, elle nous ietta dans vne infinité de miseres. Elles ne seroient pas si vaines si
elles se croyoient si criminelles.   On vous a declaré que conceuant auec plaisir, vous n'enfante-
riez qu'auec douleur, & que vous n'auriez point
de desir, qui ne deust estre suiet à celuy de vos maris : & cependant vous ne pensez-pas pour la pluspart descendre d'Eue, estant pecheresses comme
elle, & vous estimez independantes, pour ce qu'on
vous nomme Maistresses. Asseurez-vous que puis
que la sentence de Dieu dure encore contre vostre sexe, son crime n'est pas du tout aboly. La faute subsiste aussi bien que la punition.

  II.   Vous vous persuaderez bien que i'ay plutost intention de dire la verité, que de vous flatter, quand i'auanceray qu'vne mauuaise femme est
la porte de Satan, qu'elle nous a fait manger des
fruicts de la mort , pour ne s'estre pas contentée
de ceux de l'arbre de vie; qu'aprez Lucifer elle a
esté la premiere creature qui a offencé le Createur;
& qu'elle a eu le pouuoir d'attirer au peché, celuy
que le Diable n'auoit osé seulement tenter. I'ad-
ioufte

iouſte que c'eſt elle qui ayant eſté tirée du coſté d'Adam, en a fait perir tout le corps „ & nous a'rauy noſtre bon-heur general, pour chercher ſon contentement particulier. C'eſt à cauſe de la mort qu'elle a introduite par ſes demerites, qu'il a fallu que le Fils de Dieu meſme ait perdu la vie, & neantmoins elle cherche encore des ornements, & veut couurir l'infamie de ſa peau, par la dépouïlle de celle de quelques beſtes, qui dans leur brutalité ſemblent moins déraiſonnables, qu'elle n'eſt dans l'vſage de la raiſon!

III.    Mais à voſtre aduis, mes Dames, ſi dans le commencement les laines de Milete euſſent eu de la vogue, & que de tout temps les Seres euſſent dépouïllé leurs arbres pour reueſtir des perſonnes: ſi la pourpre de Tyr ſe fuſt faite prez du Paradis terreſtre, & qu'on euſt peu s'y couurir des ouurages de Phrygie & de Babylone: ſi on y euſt apperceu la blancheur des perles, & l'eſclat des autres pierres precieuſes: & ſi l'or qu'on tire auec tant de peine des entrailles de la terre en fuſt ſorty de luy-meſme : enfin s'il euſt eſté permis en ce premier âge du monde de ſe tromper dans vn miroir en s'y regardant „ penſez-vous qu'Eue euſt deſiré toutes ces choſes aprez auoir eſté bannie, & que ſe voyant condamnée à la mort, elle euſt ſongé à toutes ces charges & à toutes ces ſuperfluitez

B

de la vie? Il ne faut donc pas qu'elle les connoiſſe maintenant, ny qu'elle les recherche dans ſes filles, au moins ſi elle veut reſſuſciter, veu que lors qu'el-le viuoit, elle n'en auoit, ny la poſſeſſion, ny la connoiſſance. D'où il faut conclure, que tous ces affiquets que les autres portent, ſont plutoſt des ornemens de leurs funerailles, que de leur vie, & nous font voir leur condemnation, auſſi bien que leur orgueil. Ce ſont des victimes qu'on ne cou-ronne qu'à deſſein de les immoler.

I V.    Auſſi eſt-il neceſſaire que l'effect reſſem-ble à ſa cauſe. Ceux qui ont inuenté cét appareil mortuaire, ſont des eſprits condamnez à vne mort eternelle, à ſçauoir les mauuais Anges, qui eſtant tombez du Ciel, chercherent (dit-on) vn aſyle auprés des femmes. Ce qui eſt vn ſuiet d'ignominie pour elles, veu qu'elles ſéblent eſtre cauſe de la cheu-te de ces eſprits, auſſi bien que de la noſtre. Mais quand bien ces enfans de Dieu, qui aymerent les filles des hommes, auroient eſté hommes eux-meſ-mes, ainſi que nous le deuons croire; il eſt certain neantmoins, que comme les Demons ſont des ge-nies de ſuperbe, ils ſont pareillement autheurs de tous les inſtrumés de la vanité. En effet aprez auoir deſcouuert quantité de choſes, dont l'ignorance nous eſtoit plus vtile, que leur connoiſſance ne nous eſt auantageuſe, & ayant rafiné le monde

pour le perdre auec plus de subtilité : il se sont encore plus attachez à embellir les Femmes pour les
mieux defigurer, & nous seduire par elles, aprez
les auoir trompées.

V.    Ils nous auoient de-ja apris la methode de
creuser les mines, pour nous enseuelir tous viuans,
& nous faire chercher prez de l'Enfer le moyen
d'auoir du bien sur la terre. Ils nous auoient ex-
pliqué les proprietez des herbes, plutost pour nous
seruir de poison, que de remede. Ils auoient pu-
blié la force des charmes & des enchantemens, qui
n'aydent nostre foiblesse, que pour auancer nostre
perte. Ils nous auoient mesme esleué l'esprit iusques à la connoissance des Cieux & des astres, pour
nous détourner de l'Empyrée, en nous arrestant
tousiours au dessous de luy, par vne curiosité aussi
dangereuse en ses effets,  qu'elle est mal asseurée
en ses iugemens. Il ne restoit pour nous perdre entierement, que de donner aux femmes la maladie
qu'elles ont de la pompe des habits, afin de nous
blesser le cœur par les yeux, & moyenner nostre
ruine par des suiets que Dieu nous auoit donnez
pour appuis.

V I.    Elles ont dont receu de ces meschants
bienfacteurs des pierres precieuses , pour mettre
des carquans autour de leur col, que i'appellerois
volontiers, des cordeaux de leur perdition, & de

la noſtre: elles en ont eu des braſſelets d’or, qui les ſemblent tenir à la chaiſne dans leurs plus grandes libertez, & les punir touſiours, comme elles ſont preſque touſiours criminelles.  Ils leur ont auſſi donné des couleurs, non pas tant pour orner leurs habillemens, que pour les obliger à faire vne monſtre plus ſolemnelle de leur folie, & ſe faire remarquer à la mode des infenſez, par vn habit diuerſifié.  Ils leur ont fourny des poudres, pour couurir vn corps, qui n’eſt que pouſſiere; & du fard, pour s’en faire des yeux artificiels, & des ioües empruntées par deſſus celles de la nature.  On peut iuger de la qualité de ces preſents, par celle de ceux qui les ont offerts aux femmes, ou qui leur en ont enſeigné l’vſage. Pour moy ie ne feints point de dire, que des eſprits obſtinez dans le peché, n’ont iamais rien peu faire en faueur de la vertu, que ces ſouffles d’impudicité n’ont iamais reſpiré, que pour fleſtrir l’honneſteté des Dames; & que ces Apoſtats eſtant les premiers ennemis de Dieu, n’ont eu garde de nous inſtruire en ſa crainte, par parole ou par exemple. Ainſi donc, ſi ces inuentions paſſent pour des enſeignemens, il faut dire que ces mauuais maiſtres n’ont peu faire que de mauuaiſes leçons. Que ſi on les prend pour des recompences de lubricité, on ſçait bien, que la recompences qu’on tire d’vn ſujet honteux n’eſt iamais eſtimée honneſte.

VII.　Mais qu'estoit-il de besoin de faire ces faueurs aux femmes, veu qu'elles n'auoient desia que trop d'auantages pour faire du mal dans le monde? Il ne les falloit pas instruire en vn mestier, où elles n'estoient que trop sçauantes à la ruine des hommes.　Elles n'eussent pas laissé de plaire à leurs yeux, sans ces sources estrangeres de lumiere, & cet apareil de beautez rapportées, veu que ne s'habillant encore qu'à la negligence, & n'ayant dans leur parure d'autre artifice que la nature, elles auoiét eu le pouuoir de toucher les enfans de Dieu, & de les faire reuolter contre leur pere, pour obeyr à des creatures à qui ils auoient droit de commander. Peut-estre que les demons eurent peur d'estre estimez auares, si ayant fait alliance auec les femmes, pour nous destruire, ils n'eussent donné quelque present à celles qui leur auoient donné leur foy. Elle sembloient estre mariées à Satan; Il leur deuoit doncques donner quelques arres de son amour, ou plustost de sa hayne irreconciliable.

VIII.　Mais parlons en autrement, & disons que celles qui possedoient ainsi les Anges Preuaricateurs, ne pouuoient desirer aucune autre chose, & qu'ayant rencontré vn si haut party, leur ambition sembloit estre satisfaite.　Mais comme apres leur cheute ils songeoient quelque fois au lieu d'où ils estoient tombez, & qu'apres auoir assouuy leurs mauuais defirs fur la terre, il foupiroient par quelque interualle apres le Ciel qu'ils auoient perdu, ils fe refolurét par vn tráfport de rage, d'attirer les hómes à leur reuolte, pour auoir des compagnons de leur mifere, auffi bien que de leurs crimes. Ils fe feruirent donc de la beauté des femmes, pour les perdre auecque nous, & employerent vn fi grand bien de la nature, à offencer fon autheur. Ils n'ignoroient pas que quand les femmes perdroient leur fimplicité, elles perdroient leur innocence, & que l'efprit de Dieu ne pouuant compartir auec l'efprit de la chair, non plus qu'auec celuy du fuperbe ; elles enlaidiroient leur ame en tafchant de polir leurs corps, & defplairoient à Dieu recherchant de plaire exceffiuement aux hommes. Ces Anges dont ie parle, font ceux que nous deuons iuger, quoy que noftre efpece foit d'elle mefme inferieure en perfection à la leur. Nous renonçons à tout commerce auec eux, quand on nous baptife, & neantmoins nous fommes fi infidelles à noftre Seigneur & à nous mefmes, que nous traictons derechef auec eux aprez le Baptefme. I'ay produit vne partie des chefs, fur lefquels nous deuons porter fentence contre eux, pour auoir efté caufe de la perte de nos fœurs & de nos freres.

IX. Cela eftant, comme perfonne n'en peut douter, d'où vient que ce qui leur appartient eft conferué fi cherement de leurs iuges? Quelle alliance y doit-il auoir entre ceux qui doiuent eſtre condamnez, & ceux qui les condamneront? Certes la meſme qui eſt entre IESVS-CHRIST & Belial. De quel front pourrons nous monter ſur vn tribunal, pour porter ſentence difinitiue contre ceux dont nous receuons des preſens, auec autant de plaiſir que de laſcheté? Quand ie fais mention de iugement, mes Dames, ie parle à vous auſſi bien qu'aux hommes: les differences que nous voyons maintenant, ſuyuant la condition du ſexe, cefferont au dernier iour, où il n'y aura plus ny foibleffe, ny mariage. Vous aurez le meſme droit de regner & de iuger, que vos maris peuuent pretendre. Que fi nous ne portós dés cette vie quelque preiugé contre ces mauuais eſprits, en condamnant tout ce qui leur appartient; & ſi nous faiſons les actions pour leſquelles nous les deuons condamner, il s'enſuit qu'ils nous iugeront plutoſt, qu'ils ne feront iugez de nous: & qu'au lieu qu'ils deuroient eſtre condamnés de noſtre bouche, nous le ferons de la leur.

X.   Mais poſons le cas que la damnation des Demons ne rende point ignomineux les ornements des femmes, & qu'ils n'ayent fait que tomber du Ciel, ſans nous faire chopper ſur la terre. Il ne faut qu'examiner la códition meſme des choſes

pour en voir la vanité, & découurir tout enfemble les defirs, & les folies des femmes. Il y a
deux chofes à confiderer dans leurs habillemens, à
fçauoir la parure & la gentilleffe. Les Latins appellent, l'vne du nom de monde, non pas à raifon de
la netteté, mais plutoft, pource que Dieu femble
auoir moins de peine à embellir tout l'vniuers, que
le corps d'vne Coquette. Pour moy ie l'appellerois volontiers, vn monde immonde & vne propreté impure, comme l'autre eft plutoft vne peine qu'vn ornement. L'or, l'argent, les pierres
precieufes, & les habits, compofent l'effence de
l'vne; l'autre confifte dans l'agencement des cheueux, la delicateffe du teint & la foupplefte de la
charnure qui paroift à l'exterieur. Qu'on die que
ie fuis hardy, pouruev qu'on fçache que ie dis la
verité; mais i'ofe afleurer, que fi l'vne rend vne
perfonne coupable d'vne ambition defreglée, l'autre la declare en quelque façon proftituée, d'où
les Dames doiuent iuger, fi eftans feruantes de
Dieu, elles veulent eftre efclaues du peché, & perdre leur honneur & leur humilité tout enfemble,
pour vne vaine complaifance.

XI. Au refte l'or & l'argent, qui feruent principalement de matiere à la plus haute pompe des
femmes monftrent bien par leur baffeffe, qu'ils ne
peuuent pas beaucoup agrandir de petits fubiets.

Iugeons

geons de leur pouuoir par leur origine. Ce n’eſt
que de la terre impure, qui couure vne terre encore plus corrompuë, & ne tire ſa gloire que de ſon
changement, & de la peine qn’elle nous donne.
Pour ce qu’elle couſte beaucoup de ſueur aux
hommes, elle deuient precieuſe, & n’a de l’eſclat,
que pour auoir perdu ſon nom dans le feu. De telle
ſorte qu’on peut dire, que ſi les hommes n’auoient
point de tourments à ſouffrir, il ny auroit point
d’ornements. Ce ſont leurs ſupplices qui cauſent
les delices de nos Dames, & leur vanité vient de
noſtre ignominie. Le fer, l’airain, & les autres
metaux eſtant de meſme qualité que l’or, n’ont
pas plus de dignité. Ce ſont des pieces d’argille vn
peu plus endurcies que les autres, & qui ne releuent
leur valeur, que pour ce qu’on les a tirées de la profondeur des mines. En ce ſens l’or & l’argent n’ont
point d’auantage par deſſus l’eſtain & le cuiure, ſi
on regarde leur naturelle conſtitution, & non pas
l’extrauagance des hommes.

XII. Que ſi leur vſage les rend plus conſiderable que leur eſſence, le fer & l’erain nous ſeruent
beaucoup plus, que ne fait n’y l’or n’y l’argent.
Ceux-cy ne ſont proprement neceſſaires qu’aux
riches; les autres aydent les pauures, & ſeruent à
toutes ſortes de perſonnes. On ne ſçauroit meſme ſans leur ſecours tirer les autres metaux, ny les

rafiner, ou les mettre en œuure. Les anneaux d'or
se font par l'entremise du fer, & nous gardons encor auiourd'huy d'antiques vases d'airain , auec
plus de soing , que ceux qui sont tous d'argent. Les
instrumens les plus necessaires sont des plus viles
matieres ; on ne laboure point la terre auecque des
coutres d'or , on ne bastit point vn Nauire auec de
gros cloux d'argent ; on se garde bien d'enfoncer
dans vn champ ce qui a esté tiré d'aupres du centre
de la terre , & d'exposer aux vagues ce qu'on n'ac-
quiert bien souuent qu'apres le debris de plusieurs
flottes.   Ie ne dis point maintenant que toutes les
commoditez de la vie, semblent dependre du fer
aussi bien que de l'airain , veu que les lingots mesme des plus riches mines ne se peuuét foüir que par
leur moyen ; & que le fer les met en vogue, apres
les auoir mis en lumiere.  C'est sa force qui leur
donne de l'estime. On peut voir par là, qu'il y a
bien de l'irregularité dans le prix des choses, veu
que l'or & l'argent , sont plus estimés que des metaux qui naissent en mesme lieu , & sont de plus
grand employ que les autres.                      .

    XIII.  Pour les pierres precieuses, qu'on croit
ne contribuer pas moins que l'or à la magnificence
des Dames, il est certain que ce ne sont que des
cailloux mis en pieces , & de petits morceaux de
terre eschauffée par la chaleur du Soleil, & illuminée

de ſes rayons.   Elles ne s'en peuuent paſſer , &
neantmoins ils ne ſeruent , ny à ietter le fondement d'vn edifice, ny à en eleuer les murailles, ny à
en ſouſtenir le faiſte;on n'en couure point les mai-
ſons; on ne fait que les y enfermer , pour les produire au dehors: Enfin ils ne ſont propres qu'à ba-
ſtir les diuers eſtages, ie ne diray pas d'vn cheual de
Troye , mais d'vne Pyramide qui ſe remuë , auec
l'eſtonnement de ceux qui la voyent marcher.  Ce
qui les fait admirer, eſt qu'eſtant dificiles à polir,
on croit qu'ils en reluiſent dauantage : on les éleue
artiſtement les vns ſur les autres, afin qu'ils s'entre-
donnent du iour, & que leur eſclat ſoit redoublé
par leur multitude ; on les  perce auecque peine,
pour les tenir ſuſpendus auec plaiſir ; on les allie
auec l'or, pour donner du prix à la beauté, & de la
beauté à ce qui ayant du prix, n'a pourtant qu'vne
couleur paſle.

XIV.   Or voicy les differences des bizarres
obſeruations, que la vanité fait en cette matiere.
On tient que les perles ſe peſchent ſur la coſte de
Bretaigne , ou dans la mer des Indes : Ce ſont des
larmes du Ciel, ou pour parler plus ſagement des
goutes de roſée, qui ſont recueillies dans vne coquille viuante, qui les produit apres, comme vn
fruit de la terre & de la mer. Ie les veux nommer
des pommes de l'Ocean, tant parce qu'elles en ont

la figure, qu'à cause quei'aymerois mieux qu'elles nous feruiffent pour le gouft , que pour le fafte. Qu'on vante cette Coquille tant qu'on voudra, de moy i'eftime, que c'eft plutoft vn defaut en elle, qu'vne vertu, d'engendrer vne puftule; & ce beau nom de Perle ne fignifie autre chofe, qu'vne verüe bien dure & bien ronde, qui s'eft formée dans fa concauité. On dit mefme qu'on tire des perles du front de certains dragons; comme on remarque, qu'il y a quelque efpece de pierre dans la tefte des poiffons. Il ne manquoit rien à vne Chreftienne, que d'emprunter fes ornemens & fa grace d'vn fer-pent ! Eft-ce ainfi, mes Dames, qu'elle brifera la teft au dragon d'Enfer, fi elle prend de la tefte de fon ennemy, de quoy embellir la fienne?

XV. Difons donc que ce n'eft que la rareté, qui donne de l'excellence à ces chofes, & qu'elles nous font precieufes, nous parroiffant toufiours eftrangeres dás nos maifons. On les méprife où el-les naiffent, & on les adore où elles ne fe trouuent point : l'abondance a cela de propre, qu'elle eft toufiours iniurieufe à elle-mefme. Il y a des Bar-bares qui attachent les prifonniers auec des chaif-nes d'or, à caufe qu'il eft commun, & font cas du fer, pour ce que leur terre n'en produit point. C'eft ainfi que les mefchants font chargez de richeffes, lors qu'on les femble punir, & que plus ils font de

mal, plus ils reçoiuent de bien. On a veu mesme
des occasions, où l'or, qui a tant d'idolatres, n'a-
uoit pas vn adorateur. Nous auons experimenté
que la noblesse des Perles sembloit estre icy esteinte
par le mépris qu'en faisoient les Parthes & les Me-
des qui y vindrent en ambassade : les pierres precieuses des Dames, pour esclattantes qu'elles fussent, sembloient rougir deuant eux, pour ce qu'ils
negligeoient de voir seulement ce que les autres ne pouuoient assez regarder. Il est vray que la
manie des hommes est telle qu'ils ne desirent pas
tant ces ornemens pour en faire monstre, que pour
les cacher auec artifice. Les Emeraudes sont cou-
uertes dans les ceintures, leurs enfileures ne paroif-
sent point sur le fourreau d'vne espée, qui neantmoins en est tout parsemé. Il n'y a que ceux qui la
portent qui reconnoissent son prix, & vous diriez
qu'il ne s'orne pas tant pour les yeux d'autruy, que
pour estre veu de soy-mesme. Voyons-nous pas
mesme des souliers de campagne, où les perles semblent s'efforcer de sortir de la bouë qui les couure?
Enfin il y a quantité de ces raretez, où il n'y en deuroit point auoir : d'où l'on doit iuger qu'elles ne
manquent point, ou elles sont ou bien seantes, ou
necessaires. Il y a des endroits, où elles sót tout à fait
cachées, ou si elles paroissent, ce n'est que pour faire
voir par leur multitude, qu'on neglige leur valeur.

C iij

XVI.   Ce dereglement ne s’arreste pas aux maiftres des maifons , il paffe iufques aux ferui-teurs. Ils vont habillez de couleur auffi bien que ceux qu’ils fuiuent, & vous les prendriez pluftoft pour des Seigneurs que pour des valets.  Les mu-railles mefme, au lieu d’eftre peintes comme au-trefois, font à prefent garnies de riches tapifferies de pourpre , & de ces pieces admirables, que les oyfeufes de voftre fexe trauaillent auec tant de foin, pour mettre des parements royaux dans les maifons des Bourgeois.   Ce font de ces pieces, qu’on refait dans l’Afie apres les auoir figurées, & qui ne font prifables, que par la perte du temps qu’on employe à les acheuer.  Enfin il y a des gens qui font moins d’eftat de l’écarlatte, que d’vne autre couleur rouge, mife en œuure de nouueau. Mais afin de pourfuiure plus viuement cet abus, il vous faut feulement confiderer, mes Dames, que vous ne pouuez pas tirer de gloire legitime d’vn ornement qui vient de la corruption, & d’vn mé-lange illicite des couleurs.  Dieu ne fe plait pas à voir ce qu’il n’a iamais produit; & c’eft vne extre-me prefomption de vouloir plus faire que la toute puiffance mefme n’a fait.

XVII.   Peut-eftre que l’autheur de la nature n’auoit pas le moyen de faire naiftre les moutons auec des toifons rouges ou vertes , ou que la fagef-

fe d'vn homme eft plus grande que celle du Createur? Ce n'eft donc pas qu'il n'euft peu faire ces mé-
langes, mais c'eft qu'il ne l'a pas voulu.  Or ce que
Dieu n'a pas voulu faire ne peut pas eftre licite à
l'homme.  Il n'eft pas entré dans le monde pour le
renuerfer, mais pour y fuiure l'ordre de la prouidence; doù il s'enfuit que ce qui ne vient pas de
l'autheur mefme de la nature, ne peut auoir qu'vne
nature mauuaife.   Voila pourquoy il nous faut
attribuer ces effets irreguliers au diable, qui eft le
Singe, ou plutoft le corrupteur de la nature encore
Vierge. Et certes, s'ils ne fe peuuent pas rapporter
à Dieu, il eft neceffaire qu'ils fe rapportent aux
Demons. Ce font fes riuaux comme fes ennemis;
il veut fauuer les ames, mais ils les veulent perdre.
Il n'y a que Satan & fes miniftres qui ofent entrer en
concurréce auec Dieu mefme. Toutes fortes de matiere viennent de Dieu, comme de leur caufe. Mais
il n'eft pas l'autheur de tous les vfages qu'on en fait.
On ne fe contente pas de s'en feruir à fon aife, fi
l'on ne s'en fert auecque difficulté. Apres auoir trouué des perles, on s'informe d'où elles viennent, on
fe trauaille à les mettre en ordre apres les auoir
mifes à prix. Vous diriez qu'on n'a pas moins d'af-
faire à les placer adroitement, qu'à les faire pef-
cher au fonds des abyfmes de la mer.

. XVIII. Les Ieux mefmes quoy que prophanes

ne laiſſent pas d'eſtre compoſez des creatures de Dieu. L'idolatrie encore qui ſemble deſtruire la nature ſe ſert des effets de ſa main, quoy quelle en abuſe auec autant d'aueuglement que d'iniuſtice. Mais pour cela le Chreſtien ne ſe doit pas plaire ny à la manie du Cyrque, ny à la cruauté de l'Amphitheatre, ny à l'infamie de la Scene. Dieu à donné l'eſtre au cheual & à la Panthere, & la voix à tous les hommes ; neantmoins vn homme ne pourra pas commettre impunément vne impieté, quoy que l'encens qu'il offre aux Idoles, ſoit vne influence du ciel, que le vin & le feu en tiennent leur origine, & que les animaux qu'on immole, le ſubiet à qui on les offre, & les ſacrificateurs meſmes apartiennent à Dieu. Tout de meſme, quoy qu'il ait produit par ſoy-meſme, ou par le miniſtere des creatures, les etoffes & les couleurs, il ne s'enſuit pas qu'on ne l'offence, ſi on ſe ſert contre ſa volonté de qui vient de ſon pouuoir. Le monde eſt ſon ennemy, pource qu'il y a des hommes qui veulent confondre leur gloire auecque la ſienne, ou plutoſt le mépriſer, pour ſe rendre conſiderables, ainſi penſant paroiſtre gentils, ils ſe rendent quelque fois criminels de leze Majeſté diuine.

XIX. On ne peut douter que l'arrogance ne ſoit la cauſe de ces recherches curieuſes, qui nous incitent à faire venir en vn lieu, ce que Dieu à

diſtribué

diftribué en plufieurs, & à rendre familieres dans nos maifons, les chofes les plus rares de l'vniuers. Il faut bien auoir de l'orgueil pour tirer vanité de ce qui n'eft point eftimé, où il croift dans l'abondance. Mais c'eft l'ordinaire du monde, que ce qui eft inconneu femble merueilleux, pour méprifable qu'il foit, & que la rareté donne de la grace aux fujets mefme qui n'en ont point. Plufieurs ne defirét d'auoir ce que Dieu à mis en d'autres climats que le leur, que pource qu'ils n'en ont point en leur pays. Ils s'eftiment pauures dans leurs richeffes, d'autant qu'ils eftiment les autres riches dans leur pauureté. De ce vice, il en naift vn autre, à fçauoir le defreglement; on ne fe contente pas d'auoir des chofes rares, fi on n'en a dans la fuperfluité. Cependant il faut regarder que la mediocrité eftant neceffaire en toutes fortes de chofes, elle l'eft encore plus en l'acquifition de celles qui nous couftent beaucoup, & ne nous raportent point de profit.

XX. Or ce defir irregulier, ou pluftoft cette fureur s'appelle ambition, ou vne brigue que la concupifcence fait dans l'ame, en faueur de la vaine gloire, pour emporter la raifon par des affeCtions baffes, & indignes de la nature de l'homme. Il faut auoüer que ce defir eft bien vicieux qui vient plutoft de la corruption que de l'inftinct de

D

la nature , qui regarde l'apparence des chofes &
non pas leur folidité , & qui monftre plutoft la
foibleffe de noftre efprit , que la force de noftre
pouuoir.   Cette mefme manie a mis les chofes à
vn prix, qu'elles fe deftruifent les vnes les autres, &
qu'il faut perdre beaucoup pour gaigner peu.   De
plus, la conuoitife fe trompe elle mefme faifant
beaucoup valoir les chofes afin d'auoir beaucoup
de peine à les acquerir. On enferme quelquefois en
de petites boëttes la valeur d'vn gṝd heritage ; on
met fur vne ceinture le reuenu de plufieurs domai-
nes. Vne Simarre couftera quelquefois vingt-cinq
mil efcus : On voit fur le chef d'vne coquette le
prix de plufieurs maifons, elle a des pendans d'o-
reille qui epuifent par auance la defpence de tout
vn femeftre.   Ses mains portent en chaque doigt
la valeur de plufieurs facs d'or & d'argent, elle fe
iouë des richeffes pour faire adorer fa beauté.   Ce
font les forces de l'ambition, que de faire qu'vn
corps foible comme eft celuy d'vne femme porte
la fubftance d'vne infinité de threfors.   Ces pou-
pées dont ie parle peuuent dire par folie ce que le
fage difoit par vn principe de prudence, à fçauoir
qu'elles portent auec elles tout ce qui leur appartient.

# ARGVMENT.

Ertullian ayme trop la perfection des Dames pour ne leur en parler qu'vne seule fois, & elles ont trop d'inclination à se parer pour leur pouuoir si tost persuader vne negligence vertueuse. Il s'adresse donc derechef à elles, & quoy qu'il se die leur seruiteur il ne laisse pas de les enseigner en Maistre. Au reste ce discours n'a point d'autre subiet general que le precedent, mais en particulier, l'ordre en semble estre changé, comme le tiltre l'est en la pluspart des exemplaires. Ou bien nous pouuons dire que Tertullian blasmoit tantost specialement le soin affeté qu'ont les femmes de leurs habits, & qu'a present il semble faire vne Satyre contre le soing du corps mesme. Mais enfin on peut voir par la lecture qu'il y a beaucoup de conformité entre ces deux traictés differens, & que l'autheur ne semble pas tant produire icy quelque chose de nouueau, que prouuer plus clairement ce qu'il auoit auancé. Il donne pour maxime au premier chapitre, que la pudicité ayant son principe dans l'ame doit produire quelques effets au dehors, & qu'elle consiste aussi bien dans la modestie des habits, que dans l'integrité de la chair. En effet il y a de l'irregularité de voir

vne femme qui fait eſtat de la pieté ; & qui neantmoins
s'habille à la mode des impies. Noſtre contenance doit parler quand nos langues ſe taiſent.　On doit voir noſtre profeſſion de Foy iuſques ſur nos vétements. En ſecond chef il
fait voir que le grand deſir qu'ont pluſieurs fémes de plaire
exceſſiuemët aux hommes, deſplaiſt extremement à Dieu,
& qu'vn corps trop aiuſté ſignifie d'ordinairement vne
conſcience negligente. Il eſt bien difficile de ſeruir à l'eſprit
& à la maſſe, & d'accorder deux ſuiets contraires apparemment, ſans choquer ny l'vn ny l'autre. Dans le troiſieſme il conclud qu'vne femme a l'entendement bien groſſier,
qui penſe tirer ſa gloire de la chair & de l'ordure, & que
nos membres ne nous rendent pas illuſtres, eſtant embellis
par artifice, mais eſtant defigurés pour la querelle de Dieu.
C'eſt ſon intereſt qui rend les gibets glorieux & les couronnes mépriſables.　Le quatrieſme Chapitre ne ſert
qu'à iuſtifier qu'vne Dame n'a point beſoin de quãtité d'ornemens pour agréer à ſon mary, veu qu'elle eſt deſia vne
moitié de luy-meſme, & qu'il ayme plus la chaſteté que
tous les attraits de ſa femme.　Pluſieurs ſeroient bien-
aiſes de voir leurs épouſes ſages, & ce n'eſt pas tant la laideur que le Luxe qui les incommode notablement. Dans le
cinquieſme l'autheur inueĉtiue principalement contre celles
qui prennent des medicamens pour ſe perdre pluſtoſt que
pour ſe guerir, & qui ſemblët reformer les deſſeins de Dieu,
en alterant leur nature à force de fard & d'onguents mix-
tionnés. Dans le ſixieſme il deſcrie ces indiſcrettes, qui ſaf-

frannant leurs cheueux pour les faire deuenir blonds femblent se donner vn presage à elles-mesmes du feu qui les doit
brusler eternellement, si elles ne font penitence dans le
temps. Elles portent la couleur de leur supplice & non pas
de leur triomphe. Dans le septiesme il abat l'orgueil de
celles qui semblent mettre plusieurs testes sur vne seule, &
faire de petites tours de la plus haute partie de leurs corps.
Il fait voir là que leur ambition est d'autant plus ridicule,
qu'elles pensent se rendre prisables par les mesmes voyes
qui les exposent à la risée du monde. Dans le huictiesme il
s'en prend aux hommes qui s'aiustent pour plaire aux femmes, & semblent renõcer à leur dignité pour estre agreables
à leurs suiettes : & il monstre en condamnant son propre
sexe, qu'il n'accuse pas l'autre par ialousie, mais par raison. Le neufiesme Chapitre retranchant la superfluité des
habits, en permet vne mode bien seante, mais il nous monstre apres tout, que les Dames ne se doiuent seruir de leur
pompe que comme si elles n'en auoient point. Il ne faut pas
qu'elles s'attachent au siecle viuant pour l'eternité, ny qu'elles quittent l'esperance d'vne gloire eternelle pour se faire
estimer par les yeux des ignorans, & par la baue d'vn
ver. L'autheur repete encore au dixiesme ce qu'il auoit
prouué au second du premier traité, à sçauoir que le luxe
des habits ne vient pas de Dieu, mais des mauuais Anges
qui iettent le desreglement dans nos mœurs par celuy de nos
habillements. Dans l'vnziesme il represente aux femmes,
que n'ayans point d'employ qui soit esclattant elles n'ont

point de raiſon d'aller magnifiquement veſtuës , & qu'il
il y doit auoir quelque difference à l'exterieur entre les
ſeruantes de Dieu, & les eſclaues du Diable. Autrement
celles qui portent vne meſme marque ſemblent faire vne
meſme profeſſion. Il adiouſte au douzieſme que cette affe-
terie qu'il blaſme conuient pluſtoſt aux desbauchées qu'aux
Dames d'honneur, & fortifie ſes raiſons par des teſmoi-
gnages exemplaires de l'eſcriture. Dans le dernier il leur
remonſtre que leur Foy doit paroiſtre dans leurs œuures, &
leur Religion dans leur contenance ; qu'enfin les delices ne
ſont pas propres pour vn temps, où les fidelles ne doiuent
ſonger qu'au Martyre , & qu'il faut que les femmes facent vn ſiecle d'or, d'vn ſiecle de fer, non pas en ornant leur
teſtes, mais en les ſoumettant au glaiue des perſecuteurs.
Nous ne ſommes plus ſous le regne des ennemis de l'Egliſe,
mais nos Dames n'ont pas moins beſoing d'eſtre ſauuées
que les Martyres. Si Dieu leur donne plus de repos qu'aux
Chreſtiennes du temps paſſé, qu'elles ſçachent que ce n'eſt
pas pour l'offencer plus ſeurement , mais pour l'honorer
auec moins de difficulté.

# TERTVLLIAN
## DES ORNEMENTS
### DES FEMMES.

## LIVRE SECOND.

ES DAMES,

I. Ie ne doute point que mon discours ne vous
semble plutost temeraire que hardy, voyant qu'e-
stant la moindre personne du monde, ie veux parler à celles qui passent partout pour des personnes
de grande consideration. Mais si vous regardez
que comme vous estes seruantes de Dieu i'en suis
aussi seruiteur, & que mesme dans ma bassesse i'ay
l'honneur d'estre vostre frere ; vous approuuerez
mon zele au lieu de blasmer mon imprudence, &
n'attribuërez pas ces auertissements à vn desir
que i'aye de vous corriger par vne seuerité affectée,

mais plutoſt à l'affection que i'ay pour voſtre ſalut.  Vous ſçauez bien que le Paradis eſtant fait
pour les femmes auſſi bien que pour les hommes,
vous en deuez prendre le chemin coniointement
auecque nous, & que ſi vous ne gardez ſoigneu-
ſement voſtre  pudicité vous perdrez infailliblement la couronne qui vous attend. Il faut auoir icy
bas de l'honneſteté pour auoir là haut de la gloire.
Nous ſommes tous des téples de Dieu depuis que
le ſainct Eſprit eſt venu nous ſanctifier par ſa preſence & par ſa demeure, mais on peut dire que la
chaſteté eſt la gardienne de ce temple, veu qu'em-
peſchant qu'il n'y  entre rien de prophane ny de
ſoüillé , elle empeſche auſſi que Dieu n'en ſorte
pour quelque obiet qui luy offence les yeux.

I I.   Mais ie ne veux pas faire icy l'éloge d'vne
vertu que la loy de Dieu vous recommande ſuffi-
ſamment, ie parleray ſeulement de quelques qualitez qui l'accompagnent, & m'entretiédray auecque vous de vos habits ſans offencer vos perſonnes.  Et pour vous monſtrer que ie ne veux rien
diſſimuler, ie vous diray d'abord auec beaucoup de
ſincerité, qu'il y a quelques femmes, qui par vne
ſimplicité ignoráte, ou par vne ruſe qui tient beaucoup de l'effronterie, paroiſſent en public auec auſſi
peu de retetenuë, comme ſi la pudicité ne conſi-
ſtoit que dans l'integrité de la chair, & l'auerſion
de

de l'adultere ; & que la perfection du dedans ne dût iamais se faire voir au dehors. Ie parle de leurs abus & non pas d'vne mode bien-seante. Ie dy donc qu'elles perseuerent encore dás ces folies qui les portét à se parer pour se rédre desagreables aux yeux de Dieu en agreant à ceux du monde. Vous prendriez ces Chrestiennes pretéduës pour des personnes qui n'ayant point de connoissance de Dieu qui est le maistre de la verité comme de la religion, n'ont pas seulement l'idée de la vraye honnesteté. Il n'y a rien de sainct où le vice est adoré solemnellement.

III.   Et certes quoy qu'on remarque dans les infidelles mesmes quelque espece de pudeur, elle à neantmoins plus de défauts que de perfections; & dans leur retenuë il y a tousiours beaucoup de dissolution. L'esprit tient quelquefois pour la vertu, mais le corps se declare contre elle : leur interieur semble bien reiglé, mais leur exterieur marque vn manifeste dereglement. Elles s'eloignent du dernier effet de l'infamie, mais elles cherchent apparemment les satisfactions qui la semblent accompagner. Leur loy leur permet cela si la nostre nous le defend, elles ne croyent pas pecher de se comporter ainsi, veu qu'elles se croiroient coupables si elles faisoient autrement que leur religion ne leur dicte. Combien peu en trouuerez vous parmy elles , qui ne foient fort aifes de plaire aux etrangers auffi bien qu'aux domeftiques, & qui s'abftiennent à efcient de fe parer pour monftrer aux hommes qu'ils ne doiuent pas pretendre d'auoir ce qu'on ne leur permet pas de defirer?

IV. La continence des Gentils à la verité peut bien les empefcher de faillir par œuure mais non pas par penfée; ou fi quelqu'vn peut faillir & ne le veut pas, ou que fa volonté s'accorde auecque fon impuiffance, ou enfin qu'il peche fans auoir deffein de pecher; il faut auoüer que c'eft vn miracle naturel, & vn prodige dans vn eftat où la nature agit de fes feules forces. On fe doit eftonner de voir que la corruption engendre l'integrité, & que tout ce qui ne vient pas de Dieu eftant purement prophane, l'infidelité neantmoins femble auoir quelque chofe de facré. Il ne faut pas pourtant que ces femmes idolatres faffent les vaines : car outre qu'elles ne poffedent pas vn bien parfait, elles meflent auec le mal ce peu mefme de bonté qu'elles ont. Quant à vous , mes Dames, comme vous vous efloignez de leurs fuperftitions en matiere de religion , vous deuez auffi vous en efloigner en matiere de mœurs & d'habillemens. Si vous deuez eftre parfaites comme voftre pere qui eft au ciel, il ne vous faut pas imiter les imperfections des filles de Lucifer.

V. Or la perfection Chreſtienne requiert qu'vne femme chaſte, non ſeulement ne ſouhaitte pas qu'on ait des deſirs de la poſſeder, maiſ encor qu'elle abhorre ceux qu'on pourroit auoir cóceus. Elle ſe doit perſuader que la paſſion de plaire aux hommes par le moyen de la beauté, ne vient pas d'vne conſcience où la grace regne; veu que c'eſt l'auant-couriere, & l'allumette d'vne infame lubricité. A quel propos donc rechercher vn mal auquel vous auez renoncé ſolemnellement, & au lieu d'attendre le peché pour le vaincre, l'attirer volontairement dans vous meſme, afin de luy donner la victoire ſur voſtre cœur ? Nous ne deuons pas ouurir le chemin aux tentations, qui ne trouuent que trop d'ouuerture dans la nature corrompuë, & qui par leur importunité emportent quelquefois des conſentemens, que nous leur refuſions au commencement, & faiſans reuolter la chair contre l'eſprit, triomphent de l'vn & de l'autre, ou du moins ſcandaliſent l'ame quand elles n'offenceroient pas le corps. Vous eſtes obligées de monſtrer aux yeux du monde ce que vous eſtes aux yeux de Dieu, & de prouuer voſtre foy par voſtre port, & par vos habits. Aſſeurez-vous à vous-meſme par vne genereuſe reſolution, & ne mettez point d'empeſchemét à la grace qui conſerue la chaſteté, ſi vous ne pouuez pas la conſeruer de vous meſme.

VI.    La presomption & l'impudence sont également vicieuses, car celles qui presument beaucoup de leurs forces craignent moins leurs ennemis, & courent de grands dangers pource qu'elles
ont peu de precaution. La crainte est le fondement
du salut, comme la presomption est l'obstacle & la
ruine de la crainte.  Il vaut donc bien mieux apprehender de faillir & ne faillir point, que de faillir en effet sans apprehender de le faire ; car l'ap-
prehension produira la retenuë, la retenuë engen-
drera la prudence qui regarde l'aduenir , & cette
belle circonspection nous asseurera dans des occasions les plus glissantes. Au contraire si nous n'a-
uons ny crainte, ny  preuoyance , nous ne nous
sauuerons que par miracle, & perirons mesmes où
il y aura moins de peril. Celuy qui croit estre asseuré n'ayant point de soing, n'a en effet qu'vne seureté branlante & mal establie ; mais celuy qui dans
son asseurance a vne belle inquietude, possede vne
vraye & parfaite seureté.  Il est bien vray que la misericorde de Dieu peut beaucoup aider ses seruiteurs dans leur misere, mais nous deuons agir auec
luy, si nous voulons regner auec luy.  Nostre estre
ne despend pas de nous, si fait bien nostre salut en
partie : que si nous deuons tant craindre pour nous
mesmes, nous deuons encore auoir plus de crainte
pour nous mesmes & pour les autres.

VII. Cela eſtant ainſi, mes Dames, ne doit-
on pas blaſmer celles de voſtre ſexe, qui apres s’e-
ſtre perduës, taſchent de perdre les hommes, &
les engagent dans leur peril, au lieu de s’en retirer?
N’ont ils pas aſſez des aiguillons de leur concupiſcence, ſans qu’elles leur on donnent de nouueaux,
& ſans qu’elles faſſent paſſer leur feu de leur cœur
dans les yeux de leur prochain. Qu’elles ſçachent
que la loy nouuelle punit auſſi bien l’adultere de la
penſée, côme celuy qui ſe commet en effet, & qu’v-
ne perſonne qui eſt cauſe de la damnation d’vne
autre, doit ſans doute participer à ſon chaſtiment.
On vous demandera conte des ames que vous
auez perduës volontairement par la bonne grace
de voſtre corps.   Ces pauures aueugles n’ont pas
ſi toſt apperceu voſtre eſclat trompeur, qu’ils ſe
ſont bruſlez comme des papillons à la chandelle;
leur deſir les a d’abord rendus criminels.   Ils ont
deſia fait en l’eſtime de Dieu ce qu’ils ont eu deſſein
de faire, & vous qui faites les delicates auez ſeruy
de glaiue à la main du Diable pour les meurtrir.   Ie
veux bien que vous ſoyés exemptes de coulpé, vous
ne ſerez pour le moins pas garanties de ſoupçon;
quand on fait vn vol dans les terres de quelqu’vn,
il n’eſt pas à la verité conuaincu de crime comme
vn voleur, mais pourtant l’infamie d’vne choſe qui
luy appartient, paſſe iuſques à luy par vne eſpece de
reflexion contagieuſe.                    E iij

VIII. Que si quelque effrontée a bien le cœur
de se parer à dessein pour faire perir tous ceux qui
la regarderont ; ie luy demande, si elle fait profession d'vne loy qui nous oblige d'aimer le prochain
comme nous mesmes, & d'auoir plus de soing de
ses interests que des nostres ? Le sainct Esprit ne
distingue point en quoy nous le deuons ayder,
pour ce qu'il veut que nous l'aidions en toutes choses, & en toutes occasions. Que si nous deuons
l'ayder necessairement, luy pouuons-nous nuire
dans l'innocence ? Ainsi donc la beauté des femmes estant aussi dangereuse aux hommes qu'aux
sujets où elle se trouue, vous ne deuez pas seulement, mes Dames, reietter tout cet appareil exterieur de parures, ou plutost d'effronterie ; mais
encore vous deuez couurir par vne negligence iu-
dicieuse, & par vne vtile dissimulation, les graces
mesme naturelles que vous auez. Vous ne deuez
pas laisser voir ce qu'on ne voit que pour mourir.
Ie sçay bien qu'à parler absolument la beauté n'est
pas blasmable pour estre aymée, veu qu'on la peut
appeller le vray bon-heur, & le plus haut honneur
du corps, le chef-d'œuure des mains de Dieu, &
comme la robe visible de l'ame. Mais s'il ne la faut
pas apprehender en elle mesme, il la faut craindre à
raison du tort qu'elle peut faire à ceux qui la voyét,
en les faisant mourir par vne douce violence de

leur amour. Nous ne sommespas si sainɗs que le pere des fidelles, & neantmoins Abraham se défia de la veuë de la beauté de sa femme mesme, & se trouuant en danger, il se sauua en subissant la honte qu'il eut de passer pour frere de Sara.

IX. Mais quand bien la beauté ne seroit pas dangereuse aux personnes qui la possedent, ny dommageable à celles qui desirent d'en iouyr, ny suspecte mesme à ceux qui luy sont le plus familiers, ny exposée aux tentations, ny feconde en matieres de scandale ; il suffit pour se persuader, qu'il n'en faut pas faire grand estat, de sçauoir qu'elle n'est point necessaire aux Anges de Dieu, ny aux personnes qui dans la chair viuent veritablement en esprit. En effet où la pudicité regne, la beauté n'a plus de vogue, pource qu'elle luy est inutile. L'vsage & le fruit de la grace du corps, n'est autre chose qu'vne brutalité, que les sensuels peut-estre, appelleroient bien-seance. Il n'appartient qu'à celles qui se pensent obliger elles mesmes en donnant aux autres les faueurs qu'ils leur demandent, de chercher des moyens pour augméter leur beauté naturelle, ou d'en trouuer par artifice, si la nature ne les en a pas auantagées. Ie voy bien que ce discours n'agreera pas aux libertins, quoy qu'il doiue plaire aux sages. Ils me diront que la chasteté ayant esté introduite dans vne ame, l'impudicité en a esté

aussi-tost bannie ; qu'il est permis de iouyr de l'a-
gréement de sa beauté, sans en tirer d'infames
plaisirs ; & que ce n'est pas mal fait de se glorifier
d'vn excellent bien du corps. Mais à parler veritablement, n'est-ce pas vn opprobre, que de tirer sa
gloire de la chair, faisant estat de n'en auoir point?
Et puis les Chrestiens, quoy qu'ils soient d'vne fort
haute condition, ne recherchent point de gloire;
sçachant bien qu'elle produit la superbe, & que
l'orgueil n'est pas conforme à la profession de ceux
qui suiuant les conseils & les commandements de
leur Maistre, ne doiuent vacquer qu'à l'humilité.

X. Dauantage, si toute la gloire du monde
n'est proprement que vanité, & qu'vne sottise adorée, il faut dire que celle qui consiste dans la moindre partie de nous mesmes, est sans doute la plus
basse. Permis à vous de renoncer à la sagesse, pour
vous rendre considerables par la folie : pour nous,
nous mettons nostre gloire dans les biens de l'esprit, & non pas dans les ornements du corps. Ne
faisant estat que ce qui est immateriel, nous n'a-
uons garde de nous attacher à la masse, nous songeons à ce qui est immortel, & non pas a vn sujet
corruptible. Nostre ioye & nostre agréement consiste en ce qui a du rapport aux œuures que nous
faisons. Nous ne cherchions point de gloire icy
bas que dans ce qui nous en peut donner vn comble

ble la haut. Que si les Chrestiens se glorifient dans la chair, ce n'est que lors qu'elle est deschirée pour l'amour de IESVS CHRIST, & qu'ils esperent voir couronner leur ames par les souffrances de leur corps, & non pas attirer les yeux & les cœurs d'vne ieunesse dissoluë. Ils ayment mieux souspirer sous la pesanteur de leurs tourmens, que de faire souspirer les autres apres la possession de leurs bonnes graces. D'où vous pouuez recueillir, mes Dames, que la beauté estant vn bien si inutile comme i'ay dit, vous la deuez negliger si vous l'auez, & ne la pas estimer, & beaucoup moins desirer si vous en estes despourueuës. Vne femme vertueuse quoy qu'elle soit belle naturellement, ne doit pas chercher les occasions de paroistre telle ; elle ne peut pas ignorer ses perfections, mais elle peut bien s'empescher de les produire où il ne faut pas.

XI. Mais pour vous monstrer que ie ne vous veux pas traiter en ennemy, ie vous veux parler suiuant les principes de la societé, où l'amour vous à engagées. Il est asseuré, mes Dames, que vous ne pouuez, ou plutost que vous ne deuez plaire qu'à vos maris. Or vous leur agréerez d'autant plus que vous vous soucierez moins d'agréer aux autres. Ce n'est pas vn mal-heur pour vous, c'est vne parfaite felicité, & vostre affranchissement consiste dans vostre contrainte. Vous ne seriez peut-estre pas

belles au gré de tout le monde, mais il ny a point
de femme qui soit laide à la veuë de son mary.
Elle s'est renduë assez recommandable à ses yeux
par sa grace, ou par ses mœurs, veu qu'il l'a choisie
pour luy tenir tousiours compagnie. Et ne pensez
pas que si vous cessez de vous embellir extraordinairement, vos maris cessent de vous aymer. Tout
homme marié exige plutost de sa femme la chasteté du corps que des ornements superflus, mais principalement parmy les Chrestiens, vn espoux ne regarde pas tant le visage que l'alliance, pource que
les biens qui rauissent les Gentils, nous semblent
estre indifferens.

XII.   Les infidelles mesmes tiennent leurs
femmes suspectes, quand elles se tiennent trop aiustées, & ne nous soupçonnent quelquefois d'vne
impureté incestueuse, que pour ce qu'ils croyent
que les femmes de quelques Chrestiens, ne peuuent estre parées & honnestes tout ensemble. Pour
qui est-ce donc qu'vne femme peut conseruer sa
beauté, si les Fidelles mesmes n'en font point de
cas, & si les Gentils s'en défient ? N'est-ce pas vne
folie extréme de vouloir plaire à ceux qui negli-
gent ces agréements, ouqui les trouuent suspects?
Or ie ne pretends pas en vous proposant ces choses, faire des monstres des plus beaux composez du
monde, ny introduire la barbarie dans la plus dou-

ce compagnie qu’on puiſſe voir ſous le ciel. Ie ne veux pas que les femmes facent vn fumier de leur corps, ny auſſi qu’elles l’embelliſſent de telle ſorte que ce ne ſoit plus vne partie d’elles meſmes. I’ay ſoing de leur beauté, mais i’en ay dauantage de leur pudeur. Il ne faut pas condamner les orne-mens, mais leur excez. La gentilleſſe n’eſt pas blaſmable, tant quelle s’accorde auec la iuſteſſe de la raiſon. Ie dis ſeulement qu’il ne faut pas outre-paſſer l’honneſteté, pour ſuiure vne paſſion deſ-reglée. La propreté peut bien ſubſiſter ſans le luxe des parures. On ne doit pas quitter la mediocrité, qui plaiſt à Dieu, pour aller à vne extremité vi-cieuſe qui plaiſt aux hommes.

XIII. C’eſt contre la diuine Majeſté que pe-chent celles qui ſe fardent, pour eſtre priſes pour autres qu’elles ne ſont, en penſant ſe faire con-noiſtre auec plus d’eſclat. Ie blaſme ces indiſcrettes qui prennent des medicaments, non pas pour ſe guerir, mais pour ſe défigurer; qui mettent du ver-millon à leur iouës, plutoſt pour auoir plus d’im-pudence que pour rougir; qui ſe frottent les yeux auec de la ſuye, pour monſtrer par auance, que ce ſont des charbons allumez pour bruſler durant toute l’eternité. Les ouurages de la main de Dieu déplaiſent à ces perſonnes; elles blaſment & re-prennent en elles meſmes le ſouuerain artiſan de

toutes choses.   N'est-ce pas le reprendre visiblement, que de reformer ce qu'il a fait, d'y adiouster,
& retrancher temerairement ce que l'on veut &
qu'il ne veut pas, & de prendre de la boutique de
son capital ennemy , ie veux dire du Diable , de
quoy acheuer ce qui manque aux creatures?

XIV. Il ne faut point dissimuler quand la chose parle: il ny a point d'autre maistre qui puisse apprendre à changer les corps, que celuy dont la malice à changé l'esprit de l'homme par le peché. C'est
luy sans doute, qui a trouué toutes ces inuentions
pour faire la guerre à Dieu dás nous mesmes, & bar-
boüiller par nos propres mains l'Image du Createur, qui reluit sur nostre front.  Tout ce qui naist,
est propremét vn ouurage de Dieu, mais ce qui est
contrefait, est vne production du Diable.  Or quel
crime est-ce à vostre aduis, que de penser acheuer
les ouurages de Dieu , par les desseins de Satan?
Certes il y a bien de l'impudence en cette entre-
prise, mais il y a bien de l'aueuglement.  Nous ne
voyons point que nos seruiteurs empruntent rien
de nos ennemis.  Les Soldats ne vont point rechercher de commoditez chez celuy qui combat côtre
leur chef.  Car de demander quelque chose pour
son vsage à celuy qui est d'vn contraire party, c'est
se rendre criminel , & la bien-seance est plus re-
gardée en cela que la necessité mesme.

XV. Eſt-il donc poſſible qu'vne perſonne Chreſtienne veuille eſtre aydée du malin eſprit, à qui elle a renoncé ſolemnellement? ie ſçay bien au moins qu'elle perdra ſon nom, ſi elle en reçoit du ſecours, & s'appellera comme celuy, dont elle ſuit les maximes. Or qui ne voit combien le fard eſt contraire à la profeſſion du Chriſtianiſme, auſſi bien qu'à la raiſon naturelle? N'eſt-ce pas vne choſe indigne d'vne Chreſtienne, que de porter vn viſage qui ſe demonte, pour bannir abſolument la ſimplicité du cœur; de ne mentir pas ſeulement par parole, mais par effet, en diſſimulant ce qu'on eſt au dedans par ce qu'on voit au dehors; de ſouhaitter d'auoir ce qui ne nous à iamais eſté donné, ſçachant cependant qu'il ne faut pas deſirer le bien d'autruy ny s'attacher à ce qu'on a : en vn mot, d'expoſer publiquement toute ſa beauté, ayant deſſein de garder la continence? Dites moy, mes Dames, celles qui n'obſeruent pas les lineamens que Dieu a tracez de ſa main dans la compoſition de leur corps, comment obſerueront-elles ſes loix pour le reglement & l'ediſcation de leurs ames?

XVI. Nous en voyons meſme pluſieurs qui ſaffrannent leurs cheueux pour leur faire changer de couleur, comme ſi elles auoient honte du pays de leur naiſſance. Elles croyent changer de climat en changeant apparemment leur cheuelure, &

deuenir Françoifes & Allemandes en deuenát feulement blondes. Cependant elles deuroient confiderer que femblant prendre vne tefte de feu, elles
donnent des prefages temporels de leur eternel
malheur, & qu'elles eftiment beau vn fujet qu'elles
faliffent. Outre que toutes ces mixtions qu'on
met aux cheueux les bruflent au lieu de les colorer:
Il ny a point d'eau pour bien faifante qu'elle foit,
qui ne faffe mal au ceruceau, quand on en prend
trop fouuent ; & la chaleur du foleil qui eft plus
propre à bien ajufter la tefte, ne nuit pas moins
quelquefois que cette humidité recherchée. Mais
apres tout, y a-il de l'honneur dás l'ignominie? y a-il
de la beauté dás l'ordure? Quoy, vne femme Chreftienne iette du faffran fur fa tefte, comme fi elle la
vouloit immoler deuant l'autel des Demons? On
peut appeller facrifice tout ce qu'on brufle à l'honneur du Diable; & lors qu'on deftourne les creatures d'vn bon vfage à l'abus, on quitte le deffein
de Dieu, pour fuiure celuy de Satan.

XVII. On s'efloigne des intentions de Iesvs-
Christ, auffi bien que de fes maximes. Il dit que
perfonne ne peut d'vn cheueu noir en faire vn
blanc, ny d'vn blanc vn noir. Il y a pourtant des
extrauagantes qui le croyét démentir. Il y en a parmy elles qui fe vantent de faire vne blonde cheuelure de celle qui eftoit blanche, & d'autres qui de

blanche, taſchent de la rendre noire, comme ſi elles
ſe faſchoient d'auoir veſcu iuſques à la vieilleſſe,
ou qu'elles creuſſent rajeunir en effet, rajeuniſſant
en apparence: n'eſt-ce pas vne eſtrange temerité,
ou plutoſt vne ſolemnelle extrauagance ? On a
ſouhaitté de venir iuſques à vn âge, où l'on à honte
de ſe voir.  On confeſſe ſa fourbe, on regrette la
ieuneſſe, non pas pour l'auoir mal employée, mais
pource qu'on ne peut plus faire de mal ; on cherche des occaſions de meſchanceté, la nature ſemblant nous les retrancher. A Dieu ne plaiſe qu'vne
telle folie s'empare iamais de l'eſprit des filles de la
ſageſſe; qu'elles conſiderent que plus on s'efforce
de cacher la vieilleſſe, plus elle ſe manifeſte. Quand
vne femme n'a plus de cheueux, il faut qu'elle ſon-
ge à l'eternité, & non pas à vne autre ieuneſſe. C'eſt
dans la maiſon de Dieu, que nous nous reueſtirons
de l'incorruptibilité que l'innocence nous promet.
Les vieilles doiuent ſe reſiouyr de ce qu'elles s'ap-
prochent de noſtre Seigneur, en s'eſloignant de
la vigueur de leur âge.  Elles ont raiſon de taſcher
de ſortir promptement de ce monde, voyant qu'elles n'y peuuent viure iuſques à la fin qu'auec beaucoup de difformité & de diſgraces viſibles.  Au
contraire celles qui ſemblent auoir honte de tirer
vers la fin, ſemblent ſe repentir d'aller promptement dans le ſein de Dieu.

XVIII.  Mais pour parler aux ieunes beautez, auſſi bien qu'à celles qui ſont paſſées; quel plaiſir trouuent elles à changer leur teſte pour l'embellir, & à mettre leur corps à la gehenne pour agréer aux yeux d'autruy? D'où vient qu'elles ne laiſſent iamais leur cheueux en repos, & que tantoſt elles les lient, & puis elles les relaſchent, elles ies rehauſſent en vn temps & les rabattent en l'autre. Quelques-vnes ſe plaiſent à les reſtraindre en les annelant, & d'autres les laiſſent eſpars à la negligence, par vne ſimplicité malicieuſe, & plus dangereuſe que l'artifice. On en voit encore pluſieurs qui mettent des coiffes rapportées ſur leur cheueux en forme de chapeau, comme des gaines du chef, s'il faut ainſi parler, & d'autres fois les retrouſſent ſur le derriere de la teſte. C'eſt vne choſe eſtrange que des creatures raiſonnables ſemblent auoir iuré d'aller contre les ordres du Createur! Il a dit que perſonne ne pouuoit rien adiouſter à ſa ſtature, ny à ſon poids; on trouue neantmoins des femmes qui augmentent l'vn & l'autre, en mettant ſur leur teſte des pyramides, qui ſemblent plutoſt des pains de ſucre, ou des boucliers, que des coiffes.

XIX.  Si elles n'ont pas de honte d'vne parure ſi extrauagante, elles en deuroient auoir de l'infamie qui s'en enſuit. On met quelquefois ſur la teſte des Chreſtiennes les deſpoüilles d'vn vilain,

ou d'vn

ou d'vn pendu ; & on ne fait ainſi qu'vn compoſé d'vn ſuiet impur, & d'vn qui doit eſtre ſainct. On pourroit adiouſter que des perſonnes qui ſont libres ne peuuent s'aſſuiettir à la ſeruitude que cauſent ces affiquets, ſans renoncer à leur dignité. Mais qu'eſt-il neceſſaire de raiſonner, où la loy meſme eſt expreſſe ? C'eſt en vain, mes Dames, que vous trauaillez à paroiſtre belles, & que vous occupez tous les artiſans pour embellir vos cheueux. Dieu veut que vous alliez la teſte couuerte. Vous voulez rendre la nudité bien-ſeante, mais il vous ordonne de porter des voiles.

X X. Si Dieu me fait la grace au iour du Iugement de pouuoir leuer la teſte à vos pieds ; que i'auray de plaiſir à voir ſi vous reſuſciterez auec tous ces ornemens de teſte que vous portez , & ſi le feu qui purgera l'vniuers ne vous oſtera point ce blanc d'Eſpagne, ce vermillon & cette pommade ; ou ſi les Anges vous porteront au deuant de IESVS-CHRIST toutes peintes & ajuſtées comme vous eſtes. Si ces couleurs & ces atours, ſont des biens qui appartiennent à Dieu, ſans doute qu'ils ſe repreſenteront à la reſurrection des corps, & reconnoiſtront leur place pour s'y remettre. Mais il eſt certain qu'il n'y a que la chair & l'eſprit dans ſa pure ſimplicité qui doiuent reſuſciter : D'où il s'enſuit que ce qui ne doit pas reſuſciter auec la chair &

l'efprit eſt condamné par auance à l'aneantiſſe-
ment, pource qu'il n'eſt pas à Dieu. Aprenez donc
auiourd'huy, mes Dames, à vous paſſer des choſes qui ſont deſia condamnées, & qui ne ſont def-
fendues, que pource qu'elles vous peuuent faire
perir auec elles. Que Dieu vous voye auiourd'huy
telles qu'il vous verra vous venant iuger à la con-
ſommation des ſiecles. Sçachez que ce fard, qui
vous rend agreables aux infenſez ne vous pourra
point couurir deuant la face de I E S V S-C H R I ST;
vous ne pourrez plus vous feindre, où toutes les
veritez ſeront reconneuës à veuë d'œil.

XXI. Mais peut-eſtre qu'on croira, que c'eſt
par enuie que ie veux oſter aux femmes la poſſeſſion de leur beauté, & que ie ſuis leur riual, à cauſe
que ie ſuis homme. On dira que i'ay de la ialouſie
de ce qu'elles ont vn auantage, qui conuiendroit
mieux à noſtre ſexe, pource qu'il eſt le plus exellent;
& que ſi elles nous doiuent obeyr, ie voudrois
qu'elles nous fuſſent inferieures en toutes choſes.
Et puis c'eſt vn deſir naturel, qui porte les hommes
à plaire aux femmes, & les femmes à plaire aux
hommes. Toutesfois pour faire voir que ie ſuis
desintereſſé, quoy que ie ſois d'vne autre condition qu'elles, ie blaſmeray auſſi bien nos folies que
leurs defauts. Nous auons des inuentions de meſme que les femmes pour changer de figure, & de

sexe, s'il m'est permis de le dire. Combien d'hommes voyons nous occupez à se faire faire la barbe, à se releuer la moustache, à se pinceter le poil de tout le corps, à entretenir leur perruque, à se peindre la teste, enfin à perdre tout le téps pour polir vn sujet, qui n'est bon qu'à seruir de pasture aux vers. D'autres passent du soin au fard aussi bien que les Coquettes. Ils se frisent & crespelent les touffes de leur cheuelure, ils se testonnent, ils se poudrent, ils employent force mixtions à adoucir les cheueux apres les auoir rendus vn peu rudes. Ils se regardent tousiours dans vn Miroir, afin d'estre toûjours regardés des autres. Ils ont bien du plaisir à s'y voir, mais neantmoins ce contentement n'est iamais sans quelque sorte d'anxieté, pource que plus ils se trouuent beaux, plus ils se veulent embellir.

XXII. Et neantmoins des gens qui ont conneu Dieu, iugent bien dans les interualles de leurs desbauches, que tous ces agréemens ne sont que dommageables, si l'on ne tasche de luy plaire; & que toutes ces reflexions qu'on fait sur le corps, sont aussi contraires à l'honneur & au courage, qu'elles sont conformes à vne infame oysiueté. En effet, où Dieu se trouue, la pudicité s'y rencontre, & la grauité qui est sa compagne & son ayde. Le moyen donc de cóseruer la pudicité sans son apuy,

qui n'est autre qu'vne grauité bien-seante? Et comment employerons-nous la grauité à la conserua-
tion de la continence, s'il ne paroist quelque seuerité dans nostre corps, & si on ne iuge à voir nostre visage & nostre contenance, qu'on ne doit pas
attendre de nous gaigner, par des caresses molles
& dissoluës, voyant le rude traittement que nous
nous faisons nous mesmes? Ils n'ont garde de nous
cherir contre la raison, voyant que nous ne nous
aymons pas contre le deuoir.

XXIII.  Ie reuiens à vous, mes Dames, pour
vous dire que vous  deuez retrancher  auec que
nous , toutes ces superfluitez qu'on remarque en
vos habits aussi bien qu'en vos personnes, & vous
persuader que ce sont plutost des amusemens, que
des ornemens legitimes, & que l'esclat d'vn sujet
n'est iamais plus beau, que lors qu'il est tout à fait
simple.   Car que sert-il d'auoir la teste reformée
conformement à la loy de Dieu, & suiuant l'ancienne simplicité, si le reste du corps fait monstre
d'vne vaine pompe, & qu'en voyant ces longues
queuës que vous trainez, on voie les causes de vos
delices?  C'est estre moitié au ciel, moitié en enfer.
Il est assez aisé de iuger que ce luxe ne s'arreste point
qu'il n'ait authorisé l'impudicité, apres auoir des-
credité la pudeur ; & c'est vn trop grand soing de
la beauté, qui décrie la beauté mesme.

XXIV. Pour le croire, il ne faut que voir, que si tost qu'elle vient à defaillir, ce qui sembloit aymable est apres hay. Vn sujet de gloire deuient vn sujet de mépris, & vne femme iadis bien parée nous déplaist, pource que nous la regardons comme vne personne deshonorée, & qui degoutte encore du naufrage qu'elle a fait. Au contraire, bien qu'on ait perdu la beauté, on trouue moyen de suppleer à son défaut par sa figure; & ce qui ne fait que couurir ses imperfections, en compose tout l'honneur, & toute l'essence. Enfin nous voyons que les personnes mesmes qui semblent estre en repos apres les inquietudes de la vie, & qui de la dissolution se retirent au port de la modestie, sont encor tentées de la magnificence des habits, & relaschent leur pretenduë seuerité par la bassesse de leurs desirs, côme si cette ardente passion qu'on a pour les habillemens pouuoit eschauffer la froideur de l'âge, & tromper la nature & la vieillesse par des parures artificielles.

XXV. Ce que ie desire donc, mes Dames, est premierement que vous ne portiés rien sur vous qui semble tenir de l'infamie, & qui vous fasse plutost passer pour courtisanes, que pour des temples de chasteté. Que si quelques-vnes d'entre vous à raison de leurs richesses, de leur naissáce, & de leur qualité mesme, sont obligées de s'habiller plus magnifiquement que les autres, il faut que cette magnificence, soit tousiours accompagnée de la sageſſe qu'elles ſemblét auoir acquiſe. Il faut qu'elles gardent ce temperamét en leur pompe, qu'elles ne prennent point la diſſolution pour la neceſſité meſme, ny l'effronterie pour la parfaite bien-ſeance. Car comment pourrez vous remplir tous les deuoirs de l'humilité que vous profeſſez en qualité de Chreſtiennes, ſi vous ne retranchez l'vſage des biens & des ornemens, qui vous portent à l'ambition. Car ce vice éleue vn cœur qui ſe deuroit abaiſſer & fait plus craindre les yeux des hommes que la iuſtice de Dieu.

XXVI. Il me ſemble que i'entends la plainte que vous me faites, en me demandant s'il ne vous eſt pas permis de vous ſeruir de ce que vous poſſedez, & ſi vous n'auez des richeſſes que pour n'en point tirer de commoditez. I'ay à vous reſpondre là deſſus que ie ne vous defends pas de vous en ſeruir, mais d'en abuſer. Ie vous dis auec l'Apoſtre, qu'il faut ſe preualoir des choſes du monde, comme ſi on ne s'en preualoit point, d'autant que c'eſt vn trompeur qui nous quitte en faiſant ſemblant de nous aſſiſter, & nous abandóne dans la neceſſité meſme, quoy qu'il nous promette mille choſes ſuperflues. Sainct Paul veut auſſi que ceux qui poſſedent quelque choſe, croyent ne la pas posseder, quoy qu'ils l'ayent bien achetée ; d'autant que le temps passe & que l'eternité s'approche. S'il nous enseigne donc de posseder mesme nos femmes, comme si nous n'en auions point en effet, par la consideration de la briefueté de cette vie ; que deuons nous penser de leurs parures, & de tous les instrumens de leur vanité?

XXVII. Nous voyons mesme plusieurs hommes, qui pour mieux posseder leur ame, se passent tout à fait du mariage, & par vn vœu solemnel de garder le Celibat, s'ostent mesme les moyens de de prendre des plaisirs licites, & que l'appetit semble desirer. Ils ne sont pas marris de quitter vn peu de contentement pour en auoir le comble dans le Royaume de Dieu. D'autres s'abstiennent mesme des creatures, dont l'vsage leur pouuoit estre indifferent, pour garder vne temperance plus estroite. Ils ne boiuent point de vin & ne mangent point de chair, quoy qu'à prendre ces choses dans la mediocrité elles soient vtiles au corps, sans estre dommageables à l'esprit, & contribuent plutost à noftre foulagement qu'à noftre inquietude: Mais ils veulent monftrer à Dieu la pureté de leur ame, en semblant rendre leurs corps mesme vertueux. Ils luy sacrifient leur cœur en luy faisant vne offrade de leur delices exterieures. Pensez donc, Dames, que vous vous estes assez seruies de vos richesses, aussi bié que de vos plaisirs. Vous auez assez fait de despences inutiles, il faut maintenant conseruer le reste de vostre dot. Le Ciel ne nous a fait connoistre la perfection, qu'afin de nous la faire pratiquer. C'est à nous qu'il appartient de dóner exemple aux autres, iusques à la fin des siecles. Dieu mesme deuant que creer le monde nous a destinez a la censure & à la regle des temps. Nostre Seigneur ne s'est rendu nostre maistre, qu'afin de nous apprendre à corriger les abus du monde, apres les auoir absolument corrigez en nous mesmes.

XXVIII. Nous sommes pour ainsi dire la circoncision spirituelle & charnelle de toutes choses, pour ce que nous retranchons indifferemment dans l'esprit & dans la chair tout ce qui tient vn peu du siecle, & qui peut destourner les hommes de l'eternité bien-heureuse. Or vn des grands abus qu'on remarque sur la terre c'est l'vsage indiscret des creatures contre l'intention mesme du Createur. Ce n'est pas luy qui a crée la pourpre & les simples, pour colorer de la laine ; ou peut-estre que faute de preuoyance il s'estoit oublié de faire vne toison rouge aux brebis, quand il crea le Corps de tout l'vniuers? Est ce-luy à vostre aduis qui a inuenté tant de modes d'habillements, & qui les a rendus legers en effet, pour n'estre pesans, que du poids de l'or & de l'argent qu'on en donne? Il

n'a

n'a produit les lingots d'or, que pour entourer des pierres pretieuses! C'est luy qui a percé tant de belles oreilles, pour y attacher vn petit caillou, & qui a tant eu à cœur la peine de sa creature qu'il a commencé à l'affliger dans son enfance, en luy faisant porter ie ne sçay quels petits grains, que les Parthes ne daignent pas mettre sur leurs souliers! Nous vouloit-il apprendre en nous blessant si promptement, que nous estions nez pour souffrir ! sa bonté est trop grande pour nous auoir causé tant de mal, & sa sagesse trop auisée, pour auoir introduit ces grands abus dans le monde au desauantage de son honneur.

XXIX.   Ie pourrois encore dire que cet or, dont vous pensez tirer tant de gloire, ne sert à quelques nations, que pour en faire des chaines aux criminels, tant il est vray que c'est plutost la rareté, qui fait conter les choses entre les biens, que non pas vne excellence veritable. Mais ie ne veux pas m'arrester à leur cours, pour venir à leur origine.  Ce sont les mauuais Anges, qui nous ont appris tous ces secrets ruineux, & qui nous ont découuert la forme & la matiere de tous les sujets qui seruent au luxe aussi bien qu'à l'inquietude. Comme ils auoiét dessein de posseder les femmes qu'ils estimoient pretieuses, pour ce que les ayant vne fois gaignées, ils croyoient gaigner plus facilement les

H

hommes, ils trouuerent moyen de ioindre en leur faueur le prix des chofes auec leur rareté, & le plaifir qu'il y a à les poffeder auec la peine qu'ont les ouuriers à les faire. De telle forte qu'on peut dire, que le Prince de l'enfer a produit ce qui femble rendre nos Dames illuftres, & c'eft de fes productions qu'elles font toutes leurs delices. Qu'elles craignent de tomber entre fes mains, puis qu'elles font à fes gages. Toutes ces charges inutiles qu'elles portent, ne feruent qu'à les abaiffer vers l'abyfme, du voifinage duquel on a tiré tous leurs ornemens. Au refte, comment peuuent-elles plaire à Dieu, receuant auec agréement des faueurs de ceux qui ont irrité fa colere, & portant les couleurs de Lucifer au lieu des liurées de IESVS CHRIST?

XXX. Toutefois pofons le cas que Dieu ait permis toutes ces chofes, apres les auoir connuës; ne confiderons pas maintenant ce qu'Ifaye dit contre les robes de pourpre, & les autres orneméts des femmes; mais pour le moins ne nous flattons pas à la façon des Gentils, qui croyent que Dieu n'a fait qu'inuenter les chofes, & qu'il ne les regarde plus apres les auoir introduites dans le monde. Nous ferons bien mieux & plus fagement de croire que Dieu a preueu de toute eternité, tout ce qui deuoit arriuer dans le temps, & qu'il a mis certaines creatures au monde pour noftre vfage, &

d'autres pour éprouuer noftre fidelité. Ce maiftre a voulu voir fi fes feruiteurs garderoient en effet la retenuë parmy la licence de l'vfage. C'eft ainfique des fages peres de famille laiffent à efcient quelque chofe à la difcretion de leurs domeftiques , pour reconnoiftre leur modeftie, & aprendre par experience s'ils fçauent vfer d'vne permiffion, auffi bien qu'obferuer vne deffence.  On exerce leur probité parmy les occafions de faire du mal.  Mais celuy fans doute eft le plus loüable , qui ne fe fert pas mefme des chofes permifes, pour monftrer qu'il n'a garde de fe feruir des deffenduës, & qui craintega-lement la feuerité & l'indulgence de fon maiftre. C'eftainfi que l'Apoftre, nous auertit que toutes chofes femblant eftre licites toutes n'edifient pas. Ceux qui craignent mefme ce qui eft indifferent craindront plus facilement ce qui ne l'eft point.

X X X I.  Mais qu'auez vous à faire de vous or-ner fi extraordinairement, mes Dames , veu que vous eftes efloignées des occafions, qui femblent exiger quelque pompe magnifique? Vous n'exer-cez point de miniftere dans les temples , vous ne faites point de ieux publics. Vous ne celebrez point de feftes à la mode des Payens. Ce grand appareil d'ornemens, n'eft bon que pour des perfonnes, qui viuent dans le grand commerce , & qui veulent voir & eftre veuës, ou qui ont quelque infame def-

sein de s'abandonner, ou qui recherchent vn point
de gloire , qui passe iusques à l'insolence.    Pour
vous qui faites profession d'estre modestes vous
n'auez aucune occasion de paroistre en public, si
ce n'est dans la reserue, ou dans la melancholie.
Vous n'auez qu'à visiter les sidelles qui sont malades, qu'à assister au sainct Sacrifice de la Messe, & à
ouyr la parole de Dieu dela bouche de ses créatu-
res. Or toutes ces occupations ne demandant qu'v-
ne saincte modestie & grauité , n'ont point besoin d'vn habillement ny rare, ny dissolu. Elle exi-
gent plutost la conposition des mœurs & la beauté
de l'ame, que l'agencement du corps. Que s'il faut
par necessité ou par bien-seance visiter quelque-
foisies Gentils mesmes, pour entretenir les amitiez
des familles, pourquoy ne marchez vous pas rëue-
stues de vos armes, allant voir des personnes enne-
mies de vostre foy? ne faut-il pas qu'il y ait de la difference entre les seruantes de Dieu & les esclaues du
Diable ? ne leur deuez vous pas seruir d'exemple,
afin qu'estant edifiées de vostre veuë, elles imitent
vos œuures, & suiuent enfin la religion que vous
professez ? Dieu doit estre glorifié dás vostre corps,
ce qui ne se peut faire, si vous ne gardez la pudicité
qui l'attire dans vous-mesmes, & ne portez des habits conuenables à la vertu, dont vous faites tant
de gloire.

XXXII.  Ie fçay bien que quelques-vnes diront, qu'elles ne veulent rien retrancher de leur luxe, non pas par vne vaine complaifance qu'elles y ayent, mais de peur de donner occafion aux infidelles de blafphemer le nom de Dieu, en voyant le changement des perfonnes qui le feruent. Il s'enfuit donc de là, mes Dames, qu'il faut s'entretenir dans la vice qu'on auoit auparauant, puis qu'on veut conferuer la mefme apparence; & afin que les gentils ne blafphement pas, il faut que les fidelles viuent comme eux! Ne voila pas vn grand fujet de blafpheme, fi l'on peut dire qu'vne femme ne va pas fi richement veftuë qu'elle faifoit, pource qu'elle eft maintenant Chreftienne, au lieu qu'elle eftoit iadis idolatre? Craindra-elle de fembler plus pauure depuis le temps qu'elle eft deuenuë riche des biens eternels, & de n'auoir pas tant de propreté exterieure, apres auoir purifié fon interieur? Faut-il que les Chreftiens marchent fuiuant l'approbation des Gentils, & non pas fuiuant le bon plaifir de Dieu mefme? Prenez garde feulement de ne leur pas donner iufte fujet de blafpheme, en penfant le leur ofter. N'eft-ce pas vn fcandale manifefte de voir, que celles qu'on prend pour des Sanctuaires de pudicité, font ornées à la façon des temples de Venus, & que les époufes de l'agneau femblent eftre des maiftreffes d'Adonis?

H iij

XXXIII. En quoy different la pluspart des honnestes femmes de nostre siecle, d'auec celles qu'on appelle les victimes des voluptez du public? Autresfois ces malheureuses estoient distinguées des Dames par quelques marques visibles; mais la malice de ce temps semble confondre leurs estats de telle sorte, qu'on ne peut distinguer l'honnesteté des vnes, d'auec l'ignominie des autres. L'Escriture mesme nous apprend que ces ornemens extraordinaires du visage, ont tousiours esté des signes de l'infamie des mœurs. Cette ville forte qui sembloit commander les fleuues & les montagnes, fut appellée d'vn nom de deshonneur : pour ce que s'estant trop embellie, Dieu la iugea prostituée. On nous la represente comme maudite, pour ce qu'elle est toute couuerte d'or, d'escarlate, & de pierres precieuses, qui sont plutost des causes de sa reprobation, que des principes de son esclat. Iudas soupçonna iustement Thamar d'impudicité, pour ce qu'elle s'estoit parée à la mode de celles qui se veulent vendre aux passans: l'apparence fut suiuie de l'effect. Il l'a trouua telle qu'il l'auoit creüe, & n'eut point de difficulté à la faire condescendre à vn pacte, qu'elle mesme sembloit auoir recherché. D'où nous deuons apprendre, qu'il ne faut pas s'esloigner seulement du danger d'offencer son honneur, mais encore du soup-

çon : Car pourquoy permettez-vous que l'integrité de voſtre ame ſoit ſouïllée dans le iugement
d'autruy, quoy qu'elle ſoit incorruptible en elle-
meſme? Pourquoy donnez-vous ſuiet aux hommes d'attendre de vous vne faueur, que vous n'a-
uez pas enuie de leur donner ? pourquoy ne teſ-
moignez vous pas par voſtre contenance quelle
eſt la qualité de vos mœurs? pourquoy ſouffrez-
vous que l'impudence puiſſe parler au deſauantage de voſtre ame, pour ce que vous fourniſſez de la
matiere à ſes diſcours? Bien qu'il vous ſoit permis
de faire voir publiquement voſtre pudicité, il ne
vous eſt pas licite de nous ſembler impudiques.

XXXIV. Quelqu'vne me repliquera peut-
eſtre, que l'approbation des hommes luy eſt auſſi
indifferente, qu'elle eſt en effet inutile, & que Dieu
ſeul ayant droit de voir les cœurs, on ne doit point
ſe ſoucier de la veüe du monde, qui ne regarde vne
perſonne, que par ce qui eſt moins conſiderable
en elle-meſme. On taſche d'appuyer ce raiſonnement ſur l'Eſcriture, mais ie ſçay bien qu'elle dit
ailleurs, que voſtre probité doit paroiſtre deuant
les hommes, bien qu'elle n'en doiue pas attendre
ſa recompenſe. Or Dieu ne vous donne cét auis,
que pour vous boucher toutes les auenües du mal,
en vous obligeant de ſeruir d'exemple aux meſ-
chans, de meſme qu'aux gens de bien. Noſtre Sei-

gneur n'ordonne pas que vos œuures reluisent, pour estre tousiours cachées. Il ne veut pas que nous soyons les phares du monde, & des villes situées dans la montagne, pour estre tousiours enseuelis dans les tenebres, ou enfoncez dans les abysmes. Si vous cachez le flambeau sous le muid vous serez blasmées infalliblement, pour ne pas auoir continué le iour dans la nuit mesme, comme vous pouuiez & deuiez faire. Vne femme qui se trouue seule dans les tenebres est doublement abandonnée. Ce sont nos actions loüables, qui nous font nommer les Soleils du monde. Ce qui est illustre de soy, ne cherche pas l'obscurité, mais se produit aux yeux de tous, pour se faire remarquer & admirer tout ensemble. Ce n'est pas assez à vne femme Chrestienne, que d'auoir de la pudicité, si elle ne se manifeste au dehors; elle doit estre grande & si visible, qu'elle passe de l'ame sur les habits; & se trouue sur la superficie, comme dans le fonds de la conscience. Elle doit faire monstre de ses meubles au dehors, pour mieux manifester les richesses du dedans: la foy consiste dans l'entendement, mais elle a tousiours du rapport aux sens exterieurs. La deuotion luy sert d'aliment, mais aussi les ceremonies l'entretiennent.

XXXV. Il faut donc fuir les delices, pour ce qu'elles peuuent refroidir nostre zele, & ramollir

nostre

noſtre courage. Vne main qui s'accouſtume à porter des braſſelets, n'eſt pas propre à porter des chaiſ-
nes pour la querelle de IESVS-CHRIST. Ces
iambes delicates à qui les iartieres de ſoye ſemblent
peſer, ne peuuent pas trouuer legers les fers qui les
peuuent arreſter. Ces cols qui n'ont eſté entortillez
que d'vne enfilleure de Perles, & d'Emeraudes, ne
pourront pas ſouffrir vn coup d'épée qui leur trenchera la teſte. C'eſt pourquoy, mes Dames, accou-
ſtumons-nous à nous plaire à tout ce qui eſt peni-
ble, & nous ne ſentirons plus de peine ny de rigueur du coſté de la tirannie & de l'infidelité. Quittons de bonne heure tous les ſuiets de noſtre ioye,
& nous ne les regretterons plus, quand nous les aurons vne fois perdus volontairement. Tenons-
nous en poſture de ſouffrir toutes ſortes de violen-
ces, & nous ne redouterons plus aucune atteinte
impetueuſe. Nous n'apprehenderons plus de laiſſer des biens qui ſont l'obiet de nôtre auerſion; & a
parler veritablement, ce ſont plutoſt des attaches
de noſtre eſperance, que des ſecours de noſtre miſere; enfin quittons les ornemens de la terre, ſi nous
deſirons d'auoir vne couronne dans le Ciel.

XXXVI.   N'aymez pas l'or, mes Dames, qui
a fait quitter Dieu aux Iſraëlites meſmes, pour
adorer vn veau en ſa place. Comme il eſt la cauſe de la premiere Idolatrie des fideles, il le peut

eſtre des autres; vous deuez hayr ce qui a perdu les Iuifs, & qu'on n'a eſtimé ſur la terre, qu'apres auoir mépriſé le Ciel. Souuenez-vous que de tout temps, l'or a eſté la paſture du feu auſſi bien que l'aliment de la conuoitiſe, & que ceux qui l'ayment trop en ce monde, bruſleront touſiours en l'autre. Au reſte ce n'eſt pas l'or, mais le fer, qui fait paſſer doucement la vie aux Chreſtiens, & quoy qu'ils ſemblét renouueller l'âge d'innocence, ils ne font pourtant que ſouffrir. On prepare deſia les robes deſtinées au Martyre, & les Anges les portent, pour en reueſtir les hommes. Produiſez vous donc, mes Dames, embellies des ornemens des Apoſtres, & fortifiées des remedes de ſalut. Que la ſimplicité compoſe voſtre blancheur; ne rougiſſez que par la pudicité. Qu'vne chaſte honte vous faſſe abaiſſer les yeux au lieu de les releuer par artifice : Gardez le ſilence pour le monde, afin de ne parler que de Dieu. Prenez le joug de IESVS-CHRIST ſur vos teſtes, pour iouyr d'vne parfaite liberté. Vous ſerez ſufiſamment ornées, ſi vous l'eſtes aſſez pour vos maris, & vous acquerrez beaucoup de grandeur, vous aſſubietiſſant à eux.

XXXVII. Trauaillez de vos mains, pour auoir vn parfait repos, & ſongez, que ſi Eue ſe perdit, pour auoir eſté oyſeuſe dans le Paradis terreſtre, vous n'eſtes pas plus aſſeurées dans vn lieu

de danger & de misere, tenez vous réfermées dans
vos maisons, & voüs ne vous soucierez pas de paroistre auec magnificence, ne paroissant qu'à vous
mesme; gardant vos pieds de courir ils vous plai-
ront plus sur le carreau, que non pas dans le bro-
catel; & nous vous trouuerons d'autant plus embellies que nous vous trouuerons plus negligées.
Enfin reuestés vous de la probité au lieu de soye,
que la pudicité vous serue de pourpre, & qu'en fin
la sainteté, soit vostre plus haute parure.   Si vous
estes ainsi ajustées, Dieu mesme sera amoureux
de vous, comme il ne peut que vous hayr, si pour
changer d'apparence, vous destruisez son image. Heureuses celles qui peuuent épouser celuy qui
doit estre leur iuge ! Que celles-là sont mal-heu-
reuses qui offencent les yeux d'vn Dieu dont la
voix les doit condamner vn iour !

I ij

# ARGVMENT.

Vis que Tertullien dans toute sa seuerité n'a pas laissé d'écrire en faueur des femmes, il ne faut pas douter que ceux qui ont eu le cœur plus doux n'ayent esté plus sensibles. Sainct Paulin Euesque de Nole à esté de ce nambre qui ayant fait vn des principaux miracles de toute sa vie pour obliger vne vefue, a fait aussi vn chef d'œuurs de son zele & de son art pour instruire toutes les Dames dans vne seule. Chacun sçait que pour deliurer le fils d'vne Chrestienne d'entre les mains des infidelles, il se mit à son seruice tout Euesque qu'il estoit, & se rendit esclaue pour luy faire rendre le doux sujet de ses vœux. Ayãt recherché auec tant de soin le moyen de dõner vn cõt entemẽt naturel à cette mere, il s'employa encore plus efficacement pour faire entrer Celantia dans la possession des plaisirs surnaturels. C'estoit vne Dame qui dans Rome mesme qui n'a iamais gueres rien admiré, passoit pour vn prodige de sagesse & de beauté, & l'excellence de son esprit respondant à la noblesse de sa race, elle ne pouuoit apparemment croistre en perfection qu'en se donnant tout à fait à Dieu, apres auoir rauy les hommes. Neantmoins comme les liens du mariage empeschoient de voler cette

Colöbe, & qu'il luy falloit tout à la fois cõtenter le Createur
& la creature, elle s'addreſſa par lettres à ce ſainct Prelat,
pour apprendre les moyens de viure pour l'eternité viuant
au milieu du ſiecle.  La modeſtie de ſainct Paulin ſuſpen-
dit d'abord les effets de ſa charité, & ſçachant qu'il n'eſt
telquefois pas moins dangereux de traiter auec les femmes par le commerce des lettres que par les diſcoursper-
ſonnels, il fut long-temps à faire réponce à Celantia pource
qu'il aymoit mieux negliger vn peu la ciuilité que de perdre
le moindre poinct de l'aſſeurance de ſon ſalut. Neantmoins
ayant conſideré que les prieres de Celantia, eſtans toutes
ſainctes ne pouuoient receuoir qu'vn refus iniuſte, & qu'vn
trop grãd deſir de ſe ſauuer ne diſpenſoit pas vn Eueſque de
veiller au ſalut des autres, ſuiuant que ſa charge l'y obli-
geoit; il écriuit cette belle lettre, où l'on voit le reſpect & la
puiſſance d'vn maiſtre enuers ſa diſciple, l'elegance iointe
auec la ſimplicité, & la pieté rẽduë aisée parmy les plus grã-
d°s difficultés qu'elle trouue dãs le monde. Il commence à inſtruire cette Dame par vn humble ſentiment qu'il a de ſoy-
méme, & louë l'affection qu'elle a pour la pieté, pour échauf-
fer en elle l'amour de la perfection par celuy d'vne gloire legitime. Il luy propoſe en ſuitte que puis qu'elle ne peut pas obſeruer tous les Conſeils qu'elle garde exactement les cõman-
dements, & que ſa foy quoy qu'inuiſib'e de ſa nature ſoit
viſible dans ſes œuures.  De cet auertiſſement general il
paſſe aux particuliers & expliquant les diuerſes voyes de
la iuſtice, il exhorte Celantia à ſuiure les plus étroites pour

viure auec vne plus grande liberté d'esprit, & l'auertit de
prendre garde aux petites fautes de peur de tomber aux
grandes.  C'est-là qu'il luy remonstre qu'il n'y a point de
peché leger si on regarde la Maiesté de Dieu qu'on offence,
& qu'il faut plus considerer la dignité du Legislateur que
la qualité de ses loix.  Il declare apres que l'innocence d'vne
ame consiste à faire le bien & à ne point faire de mal, que
voyant les attraits du vice il faut aussi voir ses tourments,
& contemplant les Croix de la vertu contempler d'ailleurs
ses couronnes. Ayant fait ce raisonnemēt aussi beau qu'il est
vtile, il blâme l'erreur de ceux qui ne marchent pas où il
faut marcher, mais par où les autres vont ; & qui croyent
excuser le grand nombre de leurs pechez par la multitude
des pecheurs.  Il adioute que pour auoir vne maxime generale pour toutes les actions particulieres de la vie, on se doit
proposer de faire à autruy ce qu'on voudroit qu'on nous fit,
& de mesurer les interests du prochain par les nostres mesmes. Apres auoir formé la conscience de Celantia, il luy
apprend à regler sa langue, & luy persuade que non seulement il ne faut pas mal parler de son prochain, mais non
pas mesme escouter les medisans.  S'ils ont des langues de
Viperes nous deuons auoir les oreilles bouchées d'epines.
Au reste elle doit fuir les complaisans aussi bien que les detracteurs, & ne pas payer des hommes pour la tromper à
credit.   Là dessus il fait vn abregé des principales vertus
qu'il recommande à Celantia, & veut que l'humilité en
soit la base & le faiste tout ensemble. Il luy persuade en-

cor que l'abstinence du corps ne vaut rien sans celle du cœur,
& qu'on doit auoir soin de la bône reputation aussi bien que
de la conscience. Il conclut que trauaillât pour sa maison elle
doit se laisser du temps pour trauailler pour son ame. On
doit prendre garde icy que plusieurs Autheurs attribuent
cette lettre à sainct Hierosme, & qu'on la trouue dans ses
œuures côme vne de ses productions, mais il me semble que la
douceur du stile dont elle est escrite n'est vray-semblablemēt
pas vn effet de la sacrée fougue de ce grand homme. Ainsi
donc si ie l'attribuë à sainct Paulin ie ne le fais qu'apres
plusieurs habiles Critiques, & ne croy pas offencer vn saint
pour rendre à l'autre ce qu'on luy doit. De quelque façon
qu'on le prenne, les Dames auront tousiours la gloire d'estre
éclairées d'vne grande lumiere de l'Eglise & de voir la
concurrence de deux Docteurs pour les enseigner. Enfin la
saincteté mesme leur parle par la bouche ou de Hierosme
ou de Paulin.

# LETTRE
### DE
## SAINCT PAVLIN
#### A CELANTIA.

**M**ADAME,

I. L'escriture a dit auec autant de grace que
de verité, qu'il y a vne espece de honte qui nous
cause de la gloire, & vne autre qui engendre
l'ignominie auec le peché. Cét oracle se fait
entendre de soy-mesme, mais il me semble que
l'experience me fait croire maintenant ce que
ie ne croyois auparauant que par la seule authorité. En effet les instances que vous me faisiez
par vos lettres de vous écrire n'ont pû empescher
les difficultez que ie trouuois à vous obliger. D'vn
costé la retenuë me códamnoit au silence, d'ailleurs

vos

vos prieres me fembloient tenir lieu de commandement pour m'obliger de parler.  Vos defirs de-
terminoient tous mes doutes , & l'ardeur de vôtre foy vouloit emporter l'auantage fur la froideur
de mon iugement.  Dans ces peines d'efprit où le
vôtre m'auoit ietté , peu s'en eft fallu que la honte
n'ait fufpendu les effets de mon deuoir , & que ie
n'aye mieux aymé paffer pour difcret que pour Directeur.  Mais ce dire du fage m'a perfuadé d'écrire,
m'a donné du courage dans ma foibleffe , & m'a
fourny des paroles pour rompre vn fi long filence.
I'ay crû que de vous refufer vne lettre ce feroit rebutter la vertu mefme.

I I.  En effet le fujet pour lequel vous me la de-
mandiez eftoit fi fainct & fi honnefte, que i'ay crû
pecher contre Dieu en pechant contre le refpect
que ie vous dois. Ie me reprefentois que la verité
mefme nous enfeignoit que comme il y a vn temps
de fe taire, il y a temps de parler.  Que c'eft vouloir
la mort d'vne perfonne que de retenir vn mot de
falut quand elle l'attend de nôtre bouche, & que
nous deuons eftre prefts à donner quelque fatisfa-
ction fpirituelle à toutes les perfonnes qui cherchent du foulagement du cofté du ciel, parmy les
miferes & les charges qu'elles ont du cofté de la terre. Vous me demandez donc, Madame, de vous
prefcrire fuiuant les maximes de la foy vne forme

K

de viure que vous puiſſiez ſuiure auec autant de
ſeureté que d'affection. Vous deſirez d'aprendre
en quelle façon vous pourrez viure ſelon Dieu méme en viuant dans le monde, conſeruer l'humilité
parmy les honneurs, la pauureté d'eſprit au milieu
des richeſſes, & acquerir la perfection des mœurs
parmy la corruption des gens du ſiecle. En outre
vous voulez ſçauoir s'il n'y auroit point de moyen
d'eſtre innocente & mariée, de plaire à Dieu & à
vn homme tout enſemble, & de contenter vn mary ſans offencer celuy qui a permis le mariage.

III. Certes vôtre demande eſt ſi raiſonnable,
que ce ſeroit ne pas aymer l'auancement ſpirituel
du prochain que tarder à ſatisfaire à vôtre deſir.
I'obeiray donc à vôtre ſaincte importunité, & taſcheray de vous exhorter à ſeruir Dieu par les paroles de Dieu meſme. Ie ne vous feray pas entrer dans
la carriere de la vertu, mais ie vous crieray d'acheuer la courſe. Ie ne vous diray pas d'auoir du zele,
mais de la perſeuerance : Ou plutoſt ce ſera IESVS-
CHRIST, plutoſt que Paulin qui vous inſtruira
dans les voyes de ſalut. C'eſt le vray maiſtre de
tous les hommes auſſi bien que de toutes les femmes, & il ne ſçauroit manquer à les bien inſtruire
eſtant la verité meſme. C'eſt vn Seigneur qui eſt
bien aiſe d'auoir des diſciples & des ſuiets. Il vous
ordonne de luy plaire, & il vous aprend la façon

d'executer son ordonnance.  Il faut donc que celuy là vous serue de Directeur, qui dit à vn ieune
homme qui luy demandoit ce qu'il auoit à faire
dans le temps pour meriter l'eternité bien-heureuse, qu'il n'auoit qu'à garder les commandements
pour conseruer l'esperance d'vne couronne im-
mortelle.  Par où il nous donna à entendre qu'il
faut faire la volonté de celuy dont nous attendons
les faueurs, & ne pas desobliger vne main qui nous
peut recompenser ou punir eternellement.

ᴵV.   Cette maxime estoit trop belle pour ne
pas estre mise en diuers endroits des sacrez cahiers.
Il nous auertit donc ailleurs que ce ne sont pas ceux
qui l'appellent Seigneur qui entreront dans son
Royaume, mais ceux qui obeissans à ses loix reconnoissent sa majesté.  Ce qui nous môstre qu'vn
si grand prix n'est pas donné à vne foy morte, mais
à celle qui paroist viue dans les œuures, & qui nous
fait ioindre la bonne creance auec de bonnes exe-
cutions.  La Religion & la Iustice se doiuent entre-
baiser, aussi bien que la iustice & la paix. Autrement
cette profession de foy ne peut-estre qu'vne infidelité specieuse, qui nous fait croire en Dieu, &
honorer sa puissance pour mespriser ses commandements.  Pouuons nous dire de bon cœur que
nous auons vn Seigneur quand en effet nous luy
refusons nos hommages ? Reconnoissons nous

nôtre fuieƈtion quand nous ne luy obeïſſons pas?
Ne dit-il pas dans l'Euangile, que nous auons tort
de l'appeller maiſtre ſi nous faiſons les indepen-
dants? Il ſe plaint, de ce que le peuple Iuif ne l'ho-
nore que des leures, & de ce que ſon cœur eſt autât
eſloigné du Createur qu'il eſt proche des creatures.
Il auance encore par la bouche de ſon Prophete,
qu'vn enfant legitime a du reſpeƈt pour ſon pere,
& vn valet de la crainte pour ſon maiſtre. Que ſi
Dieu eſt pere, il faut faire apparoiſtre du reſpeƈt
que l'on luy porte, & s'il eſt maiſtre, il faut voir
s'il eſt craint de ſes ſeruiteurs.

V. D'où l'on peut tirer cette concluſion, que
ceux qui n'obſeruent pas les commandemens de
Dieu n'ont point de reſpeƈt pour ſa maieſté; & que
s'ils auoient de l'apprehenſion de ſes iugements,
ils n'outrepaſſeroient pas ſi facilemét ſes loix. Pour
la meſme raiſon il fut declaré à Dauid, aprés qu'il
eut offencé Dieu pour contenter ſon appetit, qu'il
n'auoit pas fait plus d'eſtat de Dieu que de ce qui
n'eſt point & ne ſçauroit eſtre. Dieu fit auſſi entendre à Heli, que comme celuy qui honoroit ſa toute
puiſſance ne ſeroit iamais en opprobre, mais dans
la gloire; ceux auſſi qui le tiendroient pour vn
neant, ſeroient eux-meſmes aneantis. Apres
cela pouuons nous viure auec quelque ſorte d'aſſeurance; nous dis-ie, qui ne ſemblons ſçauoir la

volonté de Dieu que pour la choquer, qui commet-
tons vne infinité de crimes contre chaque commandement, qui portons à la vengeance vn si bon Seigneur par nos infames maluersations, & qui mépri-
fans ses ordres auec arrogance, femblons esleuer des
vermisseaux au dessus du throsne où Lucifer vouloit
monter? Nous faisons des Dieux de nous mesmes en
la presence d'vn seul Dieu. Nous luy rauissons sa gloire pour prendre des diuertissements!

VI. Cependant n'est-ce pas vn orgueil intole-
rable aussi bien qu'vne noire ingratitude, de viure
contre le vouloir de celuy de qui nous tenons la vie;
de negliger les commandements d'vn Prince qui ne
nous donne aucune loy que pour auoir sujet de nous
donner quelque iour des recompenses ? Car en effet
Dieu n'a pas besoin de nos hommages, mais nous
auons besoin de ses commandements. Ils sont plus
à desirer que ny l'or ny les pietres precieuses, comme
ils sont plus doux que le miel : à cause que le salaire
qui en suit la vraye pratique, n'estant rien de moins
que le ciel n'a rien qui luy soit comparable sur la terre;
& que l'esperance des biens qui sont à auenir met de
la douceur dans l'amertume de toutes les peines pre-
sentes. C'est pourquoy vn des principaux sujets que
Dieu ait de s'irriter contre nous, c'est qu'il veut estre
pere & nous refusons d'estre ses enfás; il est liberal, &
nous nous enuions ses liberalités à nous mesmes, puis-

que nous les refufons quand il nous les offre. Nôtre malice paroift d'autant plus grande qu'elle choque vne bonté infinie, & ruine nôtre propre felicité. Nous negligeons la perte que nous faifons de tant de threfors qu'il nous faifoit efperer, & nous ne nous contentons pas de ne tenir aucun conte de fes loix; nôtre mépris s'eftend mefme iufquesà fes promeffes.

VII. Cela eftant ainfi, il ne fe faut pas eftonner fi Dieu repete fi fouuent, qu'il faut que nous foyons obeïffans fi nous voulós eftre heureux, & qu'il nous faut mourir à nôtre volonté pour viure à la fienne. Toute la loy confifte en ce poinct, les Prophetes & les Apoftres ne nous parlent que de cela, c'eft ce que la parole & le fang de Iesvs-Christ exige de nous. Il eft mort pour tous afin que ceux qui viuent, ne viuent pas à eux mefmes, mais à celuy qui eft mort pour eux. Or viure a luy ce n'eft autre chofe qu'obferuer fes commandements, qu'il nous a donnez à garder comme des arrhes & des marques de fon amour. C'eft pour cela qu'il nous affeure que fi on l'ayme, on ne doit pas hayr fa volonté qui fe produit dans fes ordonnances. Qu'il viendra auec fon pere chez celuy qui n'enfraindra point fes loix, & qu'il y tiendra fa cour tant que fa creature fe tiendra dans fon deuoir. Affeurement il n'y a rien de fi puiffant que l'amour; celuy qui eft parfaitement aymé s'approprie entierement la volonté de celuy qui

l’ayme. Il n’y a point d’empire plus abſolu que celuy
de la charité. Ainſi donc, ſi nous aymons veritablement I E S V S-C H R I S T, & ſi nous croyons auoir
eſté rachetez au prix de ſon ſang, nous ne deuons
rien vouloir que ce que nous ſçauons qu’il veut, ny
rien faire que ce qui luy peut cauſer en effet de l’agréement.

VIII. Or il y a deux ſortes de commandements
qui ſont comme les deux parties de la Iuſtice, les vns
s’appellent de iuſſion & les autres de défence : car on
nous défend les maux comme on nous ordonne les
biens. D’vn coſté on nous recommande le ſoin &
de l’autre l’omiſſion. Dieu incite l’ame & l’arreſte par
deux ordres differents. Enfin on ſe rend coupable
en faiſant certaines choſes, comme en n’en faiſant
pas d’autres qui nous ſont preſcrites par vn pouuoir
ſouuerain. D’où vient que le Prophete dit que celuy
qui veut auoir de bons iours, doit garder ſa langue de
mal, en vn mot laiſſer le mal & faire le bien. C’eſt au
meſme ſens que l’Apoſtre veut que nous hayſſions
la malice pour nous attacher à la probité. Or ces
commandeméts là n’emportent pas des obligations
perſonnelles, mais generales. Ny les Vierges ny les
vefues ny les perſonnes mariées ne ſont diſpenſées de
ces loix; en toute ſorte d’eſtats il eſt egalement dé-
fendu de ne pas obeyr à ce qui eſt ordonné, & de faire ce que Dieu ne nous permet pas. Et ne vous laiſſez

pas emporter à l'erreur de ceux qui par vne ellection bizarre s'attachét à l'obseruation de certains cómandements qui sont conformes à leur humeur, & méprisent les autres comme s'ils ne venoient pas d'vn mesme Legislateur, & que le mal pour estre moindre, pût estre vn bien absolu.  Ils ne craignent pas que mesprisant les choses petites ils tombent peu à peu dans les plus grandes.  Ie sçay bien que les Stoïciens tiennent pour dogme infaillible, qu'il n'y a point de difference entre les pechez ; que toutes les fautes sont égales, & qu'il n'y a point de distinction entre le vice & l'imperfection.

IX.  Pour nous, quoy que nous croyons qu'il y a beaucoup de diuersité entre les dereglemens particuliers & nos mœurs, pource que la raison & la Foy le nous enseignent ; nous disons neantmoins par vne saincte preuention, que nous deuons autant euiter les fautes les plus legeres, comme les plus griefues qu'on puisse iamais commettre.  En effet plus nous craignons vn peché, plus nous auons de facilité à nous en garder, & celuy qui apprehende mesme les petits maux, ne se trouue iamais enuelopé dans les grands. Et puis, ie ne sçaurois comprendre comment nous pouuons estimer leger, ce qui se commet au mépris de la Majesté de Dieu. Celuy-là est parfaitement auisé, qui ne regarde pas tant ce qui luy est ordonné, que celuy qui ordonne en chef, & qui considere

plus

plus la dignité du Souuerain, que la qualité de ses loix. Puis dónc que vous auez dessein d'eleuer vostre edifice spirituel sur la solidité de la pierre, & non pas sur la legereté mouuante du sable, il vous faut bastir sur l'innocence comme sur le meilleur fondement que vous puissiez mettre, afin que la iustice luy serue de couronnement. En effet celuy qui n'a iamais fait tort à personne, a accomply la plus grande partie de l'equité. Il est bien-heureux s'il peut dire auec que Iob, qu'il n'a point porté de dommage au prochain, & qu'il a vescu dans vne parfaite legalité. C'est ce qui donnoit tant de confiance à ce Patriarche, & qui le faisoit escrier auec vne saincte presomption; Qui est celuy qui voudra entrer en iugement auec moy? c'est à dire, qui est celuy, Seigneur, qui deuant vostre tribunal, ose se declarer partie contre vostre fidele seruiteur, ou qui puisse verifier que ie l'aye offensé, ou que i'aye peché contre vostre loy? Il n'appartient qu'à ceux qui ont vne conscience extremement pure, de pouuoir se vanter par vne loüable ambition, qu'ils ont tousiours marché dans l'innocence de leur cœur, au milieu de la maison de Dieu; & nostre Seigneur ne fait iamais de plus grands biens, qu'a ceux qui n'ont iamais fait de mal.

X. Il faut donc qu'vne Chrestienne s'éloigne principalement de la malice, de la haine, & de l'enuie, qui sont les semences de tous les crimes, & qu'el-

L

le ne garde pas seulement l'innocence de parole, mais encore du fonds du cœur; c'est à dire, qu'elle craigne de faillir par desir contre son prochain,
aussi bien que par effect. Car à bien prendre le peché dans sa naturelle constitution, celuy qui s'est
mis en deuoir de nuire à vn autre, a des-ia fait le
mal qu'il a voulu faire. Quelques Autheurs mesme
definissent vne personne innocente, celle qui ne
nuit pas à son prochain, ny en l'offençant réelle-
ment, n'y en cessant de l'ayder aux occasions. Cela estant ainsi, Madame, vous pourrez vous glorifier de l'innocence quand vous aurez fait autant de
bien que vous aurez pû, & que vous aurez eu plus
d'inclination que d'oportunitez fauorables pour
exercer vostre charité. Que si ces deuoirs sont differens, & que ce soit autre chose de ne pas nuire, comme on peut souuent faire, & autre de
profiter quand on peut, il est aisé à voir qu'il y a
aussi de la difference entre faire du bien & ne point
faire de mal. Entout cas, persuadez vous que ce
n'est pas assez pour vn Chrestien d'accomplir vne
partie de la iustice, où les deux luy sont ordonnées.
Car nous ne deuons pas nous arrester aux exemples d'vne multitude ignorante, qui n'obseruant
en ses mœurs aucune sorte de discipline, & viuant
plutost à l'auanture que par dessein, ne se conduit
pas tant par raison, comme elle s'emporte par vne

aueugle impetuosité de nature.  Tout de mesme
il ne nous faut pas imiter ceux qui viuent comme
des Payens , quoy qu'ils portent vn nom Chreftien , qui deftruifent leur profeffion de Foy par
vne conuerfation vicieufe,& qui comme parle l'A-
poftre, confeffent qu'ils connoiffent Dieu, quoy
qu'ils le nient par leurs œuures. Ce n'eft pas la Foy
feule qui doit mettre de la difference entre le Chreftien & le Gentil , il faut que leurs deportemens
foient diuers , & que la varieté de leurs actions
manifeftes face voir celle de leur Religion.

XI.  Sainct  Paul nous recommande de ne
nous pas allier des Infideles , pource qu'il n'y
a point de commerce entre la iuftice & l'iniquité,
ny de rapport de la lumiere aux tenebres. Il ad-
ioufte que IESVS-CHRIST ne peut s'accorder
auec Belial : que l'Idolatre ne doit rien auoir de
commun auec l'adorateur du vray Dieu, & que le
temple de noftre Seigneur ne doit pas reffembler
à celuy de Iuppiter.  Par où il nous veut faire entendre combien les penfées des fideles doiuent
eftre efloignées des pratiqües de ceux qui n'ont
point receu la Foy. L'erreur & la verité ont vne
oppofition formelle: que ceux qui ne s'attendent
point aux promeffes du Ciel, s'attachent aux pof-
feffions de la terre: que ceux qui ne croyent point
d'Eternité à venir , fe contentent des felicitez pre-

sentes de cette vie. Que ceux qui pensent que tous les crimes demeurent impunis, ne craignent point de les commettre. Enfin ceux qui n'esperent point de receuoir aucune recompense de la vertu, peuuent chercher leur satisfaction dans le vice. Mais ceux qui sont bien informez du iour du dernier iugement, doiuent craindre le peché, aussi bien que sa punition, & non pas aigrir vn Seigneur qui les peut ou sauuer, ou condamner. Il faut qu'ils crucifient leur chair auec ses concupiscences, veu qu'ils adorent vn Dieu crucifié. Puis qu'ils sont disciples de la verité, comment peuuent-ils suiure les dogmes de l'erreur? Au reste le Sauueur nous a monstré dans l'Euangile deux sortes de voyes, qui estant differentes entr'elles, nous conduisent aussi à deux fins bien opposées. L'vne est celle qui nous menant vers la mort, a neantmoins beaucoup de gens qui la suiuent pendant leur vie; & à voir la foule du monde qui y marche, on la prendroit pour la meilleure, puis qu'elle est la plus battüe. L'autre est assez estroitte en ses auenües, mais ses issuës sont belles, & quoy qu'elle nous donne ouuerture dans la vie, plusieurs la quittent neantmoins pour suiure la mort.

XII. On voit par là la disproportion qu'il y a entre ces deux grands chemins; l'vn va vers l'Enfer, l'autre vers le Ciel; l'vn est frequenté

comme les villes, l'autre eſt plus deſert que les ſo-
litudes.  L'vn ſemble plus facile à tenir, à cauſe des
agreables détours que le vice nous y fait faire; &
les voluptez nous égayant prez du precipice, nous
y font tomber en riant. L'autre eſtant vne carriere
perpetuelle de vertu, attire autant les gens de bien,
comme il rebutte les vicieux, & ne plaiſt proprement qu'à ces ames genereuſes, qui trouuent dans
leurs croix, leur plus parfait agréement, & ne s'ar-
reſtent pas tant à la douceur du voyage, qu'à celle
de la Patrie.  Le commencement leur plaiſt, quelque faſcheux qu'il ſemble eſtre, pour ce que la fin
eſt illuſtre & auantageuſe.  Ils ſont bien aiſes de
paſſer par de petits maux, pour auoir la poſſeſſion
du comble des plus grands biens. Mais les laſches
trouuent le ſentier de la vertu raboteux, pource
qu'ils ſont accouſtumez à la molleſſe des vices. Au
contraire, la peine ſemble ſoulageante à ceux qui
par l'aſſiduité rendent leger vn trauail, que d'autres iugent inſupportable. Diſpoſons donc vne
fois de noſtre vie, & informons-nous de noſtre
conſcience, quel chemin nous deuons prendre:
Car tout ce que nous faiſons & que nous diſons
nous conduit à l'vn ou à l'autre, puis qu'il n'y a
point de milieu, & qu'il faut aller ou dans le Ciel,
ou dans l'abyſme. Si nous nous contraignons pour
ſuiure la voye la plus eſtroite, nous allons vers la

L iij

vie, pour y trouuer vne parfaite liberté; que si nous aymons mieux suiure la compagnie des meschants que le bon chemin, nous viuons auec force gens pour aller coniointement à la mort qui nous fera rousiours viure dans la misere.

XIII. Si nous nous laissons toucher à l'enuie & à la haine, quoy qu'on nous ordonne d'aymer le prochain comme nous mesmes, si l'auarice nous emporte aussi bien que l'impieté : enfin si nous faisons plus d'estat des biens temporels que d'vne couronne eternelle, il est bien euident que nous ferons vn mauuais voyage vsant d'vne si mauuaise conduite. Nous aurós beaucoup d'exemples & d'imitateurs de tant de pechez, mais les tourments des autres pour grands qu'ils soient n'amoindriront pas les nôtres. Si derechef nous songeons à la vengeance ne deuant songer qu'à cherir nos ennemis; si nous rendons à quelqu'vn iniure pour iniure, & si nous ne receuons vn petit déplaisir que pour en faire vn plus grand, imaginons nous que nous ne pecherons pas seuls, mais qu'aussi nous ne nous sauuerons pas en l'assemblée des reprouuez. Si nous nous flattons nous mesmes en prenant plaisir qu'on nous flatte, si le respect humain nous empesche de dire la verité, & nous fait offencer Dieu pour ne pas vouloir offencer les hommes, nous marchós auec plusieurs qui ont mesme dessein

que nous, & qui n'auront pas vne issuë plus fauorable quoy qu'apparemment les choses leur reüs-
sissent. Tous ceux qui choquent la religion & la
saincteté seront de nôtre party si nous nous rendós
profanes. Tout au contraire si nous nous appro-
chons autant des vertus que nous nous esloignós
des vices, si dans la corruption du siecle nous main-
tenons nôtre conscience incorruptible, & gardons nôtre liberté parmy tous les dangers d'vne
fameuse seruitude; en vn mot si étouffans dans nos
cœurs la conuoitise des biens de la terre, nous ne
recherchons que d'estre riches en vertus, nous pouuons dire que nous marchons par vn sentier bien
écarté, mais qui neantmoins rend nôtre demar-
che bien asseurée. Nous ne trouuons guere de
compagnons, mais aussi nous ne trouuons guere
de traistres ny de voleurs.

XIV. Ce n'est pas la multitude qui rend des
suiets recommandables, c'est plutost la rareté, comme il n'y a que peu de Rois sur la terre, il n'y en aura que peu dans le ciel au prix des esclaues de Lucifer. Comment est-ce que plusieurs passeroient
par ce destroit, veu qu'entre le peu de personnes
qui s'y engagent il y en a qui y font autant de de-
tours que de pas, ou plutost qui font semblant de
suiure la verité pour s'en aller vers l'erreur, & quittent la compagnie des iustes pour se trouuer en

celle des reprouuez.  C'eſt pourquoy il faut bien prendre garde que ceux que nous prenons pour guides de ſalut ne nous ſeruent d'adreſſe que pour nous perdre infailliblemét. Ainſi dóc ſi nous trouuons des exemples qui nous ſeruent de flambeau pour marcher dans le chemin de l'Euangile, il nous les faut ſuiure auec autant de zele que de reſpect; que ſi nous les trouuons defectueux , & que ces phares ne reluiſét que pour nous mener vers le precipice , imitons la vie des Apoſtres pour ne pas manquer d'eſtre veritablemét fideles. Sainct Paul, ce vaiſſeau d'eſlection que Dieu à pris dans le ſein de l'erreur pour en faire l'organe de la verité, nous auertit d'eſtre ſes imitateurs comme il l'eſt de IE-SVS-CHRIST.  Nôtre Seigneur meſme , tout Dieu qu'ileſt, nous peut ſeruir de modele. Il appelle à ſoy tous ceux qui trauaillent pour leur donner vn parfait repos, & leur faire trouuer leur ſoulagement parmy les plus peſantes charges.  Il veut que nous portions ſon iour pour participer à ſa gloire, & que nous apprenions la douceur & l'humilité de luy, pour ne pas éprouuer ſa vengeance & ne nous pas voir dans l'abaiſſement.

XV. Si vous trouués donc quelque ſorte de danger à imiter ceux donc vous doutez ſi l'imitation vous ſera nuiſible ou auantageuſe, il y a vne parfaite ſeureté à ſuiure celuy qui eſt la voye, la vie,

& la

& la verité. Car celuy qui fuit la verité ne fe trompe point; celuy qui eft dans le bon chemin s'approche du bout du pelerinage, & tant qu'on eft pres
de la vie, on ne craint iamais la mort. A ce propos le
bien aymé difciple dit que celuy qui demeure en
Iesvs-Christ doit marcher comme fon Seigneur. Et S. Pierre nous remonftre que Iesvs-
Christ n'a enduré que pour nous donner le
plaifir de fuiure vn iour fes exemples; il n'a point
fait de peché, & neantmoins il a fouffert la peine
du crime, le monde la perfecuté quoy qu'il n'ait
iamais defiré que de fauuer tout le monde. Il be-
niffoit ceux qui le maudiffoient outrageufement;
il ne menaçoit point ceux qui le frapoient, il fe
laiffoit iuger par celuy dont il eftoit le vray iuge.
Il a porté nos pechez en fon corps fur le bois de la
croix afin que mourans à l'iniquité nous ne vi-
uions qu'à la iuftice. Apres cela ne tafchons point
d'excufer nos fautes pour les redoubler, ne cher-
chós point de honteufes confolations pour adoucir les malheurs où le peché nous engage. Nous
ne gaignons rien de defendre nos excés par l'exemple de la multitude des mefchans; leurs vices ne
compofent pas nos vertus. Ne nous flattons pas
dás nos diffolutions fur le pretexte de leurs débau-
ches; le falaire & le chatiment de nos actions ne
fera pas general mais perfonnel en cette vie & en
l'autre.                                          M

XVI. Ceſſons de nous plaindre de n'auoir point d'exemples deuant les yeux dont la perfection nous ayde à corriger nos defauts. La Foy nous propoſe l'imitation de celuy que nous croyós tous deuoir eſtre exactement imité. Et partant vôtre principal ſoin doit eſtre de connoiſtre la loy de Dieu, qui vous fera voir les exemples de tous les ſaincts comme preſents à vos yeux, & vous apprendra ce qu'il faut fuir auſſi bien que ce qu'il faut faire. En effet c'eſt vn grand ſecours pour acquerir la iuſtice & la ſainctecé que de remplir ſon entendemét des maximes de l'Eſcriture, qui le peuuent éclairer & eſchauffer la volonté, & de mediter touſiours au fonds du cœur ce qu'on doit executer au dehors par de bónes œuures. Lors que le peuple de Dieu ſébloit encore prophane, & qu'ayát receu la loy de nouueau, il n'eſtoit pas encore accouſtumé à luy obeïr; Dieu ordonna aux Iſraelites par la bouche de Moyſe, de porter des marques aux franges meſmes de leur robe qui leur puſſent remettre en memoire l'obſeruatió de la loy deDieu, afin que leurs ſens meſmes leur appriſſent leur deuoir & qu'en regardant la terre ils ſe ſouuinſſent touſiours du Ciel. C'eſt de cette ceremonie que IESVS-CHRIST prend ſuiet de reprendre les Phariziens, ſur ce qu'ils l'obſeruent pluſtoſt par abus que par vne ſaincte couſtume, & ne ſongent pas tant à s'auertir de la loy de Dieu, qu'à se faire voir dans la pompe deuant le monde.  Ils se rendent prophanes pour ce qu'ils veulent paroistre saincts & ne l'estre point. Pour vous, Madame, qui ne gardez pas les ordonnances de la  lettre, mais de l'esprit, vous en deuez conseruer la memoire par vn sainct zele, & non pas à ces hypocrites par vn principe interieur de dissolution sacrilege.  Vous ne deuez pas tant vous ressouuenir des  commandements comme y penser sans interruption.

XVIII.  Ayez donc tousiours entre les mains des liures qui traictent des verités eternelles , & que voltre cœur les life auecque les yeux ; que l'affection de l'ame responde aux connoissances de l'esprit.  Ne pensez pas que ce soit assez de sçauoir par memoire la loy de Dieu si vous vous en oubliez dans vos œuures ; voltre science doit plus tenir de la pratique que de la simple speculation, & vous ne deuez auoir apris ce qu'il faut faire que pour le faire sans remise.  Ce ne sont pas ceux qui écoutent la loy qui sont iustes deuant Dieu, ce sont  ceux qui en executent tous les ordres. Ie sçay bien que le champ de la loy de Dieu, est aussi vaste qu'il est fertile ; les diuers tesmoignages de la verité sont comme des fleurs qui egayent nôtre veuë, & nous semblent demander des fruits en nous en prometans de leur costé.  Il y a du plaisir à regarder toutes ces beautez que le doigt de Dieu mesme

a ornées, & ce n'est pas vn petit bien-fait de sa main
que de nous auoir donné vn si grand adoucissement
des difficultez qui se rencontrent dans la voye de la
vertu. Mais pour auoir vne adresse particuliere parmy des auertissements si generaux, graués principalement sur vostre bras & dans vostre cœur par
cette maxime qui est comme l'abregé de tous les deuoirs de la iustice : Comportez vous enuers les autres comme vous voulez qu'ils se comportent enuers vous. Voila la substance de la loy & de tout
ce que les Prophetes ont dit. Cette verité se declare
en peu de mots, mais toute la vie est assez occupée à
la pratiquer. La iustice a vne infinité d'especes & de
parties, qu'il est aussi difficile de comprédre comme
de les exprimer, voila pourquoy N. Seigneur nous
soulage en renfermant nostre deuoir dans vne petite
sentéce, & ce iuge est si debonnaire, qu'il veut que le
fonds de nostre cœur condamne ou absoluë nostre
conscience deuant qu'il porte contre elle vne sentence definitiue. Nous nous offençons nous mesmes
deuant que de l'offencer.

XVIII. Il faut donc que cette maxime regle
vos paroles & vos pensées, vos actions & vos omis-
sions; Ayez tousiours ce beau miroir à la main qui
vous embellira d'autant plus auantageusement qu'il
ne vous flattera point, & vous faisant voir iusques
au fonds de vostre propre volonté, vous produira

vos bonnes œuures dans leur excellence, & les mauuaifes dans leur laideur. En effet quand vous auez vn
mefme cœur pour autruy que vous auez pour vous
mefme, vous eftes dans la voye de la iuftice ; mais
vous vous en écartez, quand vous vous comportez
d'vne façon dót vous feriez bien marrie que d'autres
fe comportaffent en voftre endroit.   Cependant ce
n'eft pas Dieu feulement qui nous aprend à proce-
der de la forte, mais ncor la raifon & la nature. Voila toutes les difficultez qui fe rencontrent en l'obfer-
uation de la loy de Dieu, qu'on doit appeller pluftoft des facilités de bien faire.   N'auons nous pas
bien fuiet de dire que fes commandement font rudes & qu'il ne femble eftre Seigneur que pour eftre
feuere à fes feruiteurs. Nous refiftons à fa volonté,
pource que nous iugeons qu'il eft mal-aifé voire im-
poffible d'y obeyr. Nous ne nous contentons pas de
ne pas faire ce que ce grand Legiflateur nous enioint,
nous le voulons encor faire paffer pour iniufte, veu
que nous nous plaignons de ce qu'il ne nous à pas
feulement ordonne des chofes qui font difficiles,
mais nous a dit d'en faire d'autres qui abfolument
ne font pas faifables. Il nous dit de faire aux autres
ce que nous voulons qu'ils nous facent. Eft-il rien
de plus doux & de plus conforme à la nature raifon-
nable ? Ce Pere commun veut que la Charité nous
vniffe par les liens des bien-faits reciproques, &

que nous nous aymions en nous obligeant mutuel-
lement. Ses commandemens ne regardent pas
moins noftre profit general que fa gloire particuliere. N'eft-ce pas là vne bonté auffi ineffable en fes
effects que merueilleufe en fon principe? Elle nous
promet des recompenfes fi nous nous cheriffons les
vns les autres : c'eft à dire, fi nous nous rendons des
deuoirs qui nous font auffi neceffaires qu'auanta-
geux. Dieu nous offre le comble de tous les biens
fi nous recherchons comme il faut nos commoditez. Cependant, nous refiftons à fa volonté auec
autant d'orgueil que d'ingratitude, & fommes fi
dénaturez que fes commandemens mefmes eftans
des graces qu'il nous faict, nous les mefprifons pour
eftre ennemis de nous-mefmes en nous rendant fes
ennemis.

XIX. Apres vous auoir recommandé l'obfer-
uation de la loy de Dieu, ie vous confeille maintenant de bien garder voftre langue ; tant s'en
faut que vous deuiez vous emporter à la detra-
ction, qu'au contraire vous ne deuez iamais fouffrir les detracteurs dans le commerce ordinaire. Ne
vous imaginez pas que de blâmer autruy ce foit le
fuiet de vous faire loüer du monde. Plufieurs pen-
fent cacher leurs defauts en publiant ceux de leur prochain : mais ils font monftre de leur enuie auffi bien
que de leur malice. Ayez plus de foin de regler vo-

ſtre vie que de reprendre celle des autres. Souuenez-vous que l'Eſcriture dit que ceux qui parlent mal du prochain ne ſont pas dans vne bonne conſtitution : ils ſeront déracinez s'ils penſent ſ'eſtablir par là. Cependant, il y a peu de perſonnes qui renonçant aux autres vices ne s'attachent à celuy-cy. Vous trouuerez bien peu de gens qui ayent vn tel ſoin de ſe rendre irreprochables qu'ils n'ayent aucuns reproches à faire à pas vn de leurs voiſins. Ils ne ſemblent éuiter l'infamie que pour la faire tomber ſur autruy. Enfin, les hommes ſont ſi malades de cette maudite enuie, qu'ils tombent pour la pluſpart dans ce dernier lacet du diable apres ſ'eſtre deſembaraſſez de ſes autres pieges. Vous deuez donc apporter d'autant plus de diligence à fuïr ce mal qu'il nous ſuït auec plus de facilité : & pour vous accouſtumer à ne rien dire qui offenſe voſtre prochain, accouſtumez-vous à ne rien croire de ce qu'on vous peut dire au deſauantage de ſon honneur. Ne permettez point que ces langues venimeuſes, qui penſent tirer leur bien du mal de leurs freres, ſe puiſſent authoriſer par voſtre conſentement, & qu'ils prennent voſtre ſilence pour vne approbation tacite de leurs diſcours. Nous ſommes aſſez chargez de nos crimes ſans que nous nous chargions encore de ceux que les autres font. C'eſt prendre leur peché ſur nous que de ne le pas empeſcher quand nous le deuons, & que nous le pouuons faire.

XX. C'eſt auec autant de zele que de prudence que le Sage nous auertit de fermer l'oreille auec
des eſpines quand vn médiſant nous vient demander audience. Il luy faut teſmoigner qu'il nous
bleſſera deuant que de bleſſer aucune autre perſonne
en noſtre preſence. Et lors que Dauid veut former l'idée d'vn homme parfaitement innocent,
qui vit neantmoins dans la corruption du ſiecle, il
met entre les autres qualitez qu'il luy donne la reſiſtance qu'il fait à ceux qui choquent les abſents par
des propos malicieux. Il ne haït pas ſeulement les
detracteurs, mais encore il les perſecute. Il les cor-
rige publiquement quand ils faillent en ſecret. En
effect, ce vice dont il parle doit eſtre banny en premier chef d'vn cœur qui deſire chanter les loüanges
de Dieu en ne publiant point l'opprobre des hommes. La credulité meſme en matiere de mœurs eſt
preſque auſſi dangereuſe que l'infidelité en matiere
de Religion. Il n'y a rien qui inquiete tant vne a-
me que la facilité qu'elle a à receuoir indifferemment
toutes ſortes d'impreſſions ; la legereté qu'elle fait
voir à ne rien rejetter de ce qu'on luy dit, monſtre
bien qu'elle n'auroit pas beaucoup de conſtáce pour
faire reſiſtance au mal qu'on dit auoir eſté fait. De
plus, ceux qui prennent plaiſir à oüir des cas dangereux, nous font penſer qu'ils ne ſeroient pas marris
d'eſtre diſſolus comme les autres, puiſqu'il eſt cer-

tain

tain que ce qui fert d'agreement à nos entretiens
fert d'entretien à nos cœurs.

XXI.    Les diffentions & les inimitiez qu'on
voit dans les familles ne viennent pas quelquefo's
d'vne mauuaife action, mais d'vne mauuaife parole.
Plufieurs fe picquent plus de ce qu'on a dit qu'ils
fe font mal comportez que fi en effect ils n'auoient
pas bien agy fuiuant leur deuoir : & le babil de trois
ou quatre coquettes coufte la vie à beaucoup d'hommes.    Ce déreglement encor a le pouuoir de femer
de la diuifion dans la plus indiuifible focieté des a-
mis, & les ruptures qui arriuent entr'eux ne procedét
pas de quelque offenfe réelle , mais d'vne picque
imaginaire.    On leur a faict vn mauuais rapport :
voilà pourquoy il fe faut porter fur le pré.  Il fe faut
couper la gorge pour expier les folies de la voix d'vne
menteufe.  Tout au contraire, c'eft vne grande fource de repos que cette belle grauité, qui ne fçachant
rien dire contre le prochain, ne fçait auffi rien croire
de ce qu'on aduance à fon deshonneur; & celuy-là
fe peut dire bien-heureux qui f'eft tellement muny
contre les pechez de la langue que les plus mefchans
n'ofent plus que bien parler en fa prefence.  Si nous
fermions ainfi l'oreille aux detracteurs nous leur fer-
merions la bouche; ils craindroient de diffamer leur
prochain en noftre compagnie, fi nous leur faifions
reconnoiftre que leur procedure ne fert qu'à les met-

N

tre dans le tort & à iuſtifier les autres.    Qu'ils apprennent qu'ils ſauiliſſent en penſant auilir autruy.
Ils loüent leurs ennemis en ſefforçant de les blâmer.
Mais ce mal ſépand fort facilement, pource qu'il a
force approbateurs,   & qu'au lieu de receuoir des
punitions il ne reçoit que des applaudiſſemens. Pluſieurs ſe plaiſent à faire de mauuais diſcours, d'autant que nous nous plaiſons à les entendre.

XXII.    Le miel d'Heraclée qui fait mourir en
riant n'eſt pas moins dangereux que le venin. S'il
vous faut fuïr les médiſans fuyez auſſi les flatteurs &
complaiſans; ce ſont les delices du commerce, mais
ce ſont les peſtes de l'ame. Il n'eſt rien qui corrom-
pe ſi facilement les eſprits des hommes que la flatterie, pource qu'elle les corrompt agreablement: elle
bleſſe en careſſant, & tuë en ſouhaittant vne longue vie au ſujet qu'elle fait mourir.  Vn ſage a fort
bien reconnu cette verité, quand il a dit que les paroles des flatteurs ſont grandement douces , mais
qu'elles percent les entrailles, & ne ſapprochent du
cœur dans l'agreement, que pour l'eſtouffer dans le
regret.   Dieu meſme exprime excellemment cecy
quand il dit à ſon peuple que ceux qui le beatifient
par auance, le ſeduiſent en effect, & qu'ils luy font
perdre ſes pas en luy faiſant faire quelque agreable
détour.  Ce vice a touſiours eu de la vogue, mais il
en a plus en ce ſiecle, où il paſſe pour vertu. Ce qui

n'eſt qu'orgueil ſecret eſt pris pour humilité : on tient que la trahiſon qui eſt bien couuerte eſt vne vraye bien-veillance. De là vient que ceux qui ne ſçauent pas flatter paſſent pour arrogans ou pour enuieux. Cependant, n'eſt-ce pas vn artifice bien delié, & vne ſimplicité bien double d'eſtimer autruy pour ſe rendre recommandable, d'obliger v n homme en le ſeduiſant, & de vendre de fauſſes loüanges à vn veritable prix? & neantmoins, c'eſt le trafic ordinaire de ce peché qui nous ruïne en faiſant ſemblant de procurer noſtre aduantage.

XXIII.    Mais n'eſt-ce pas vne grande legereté d'eſprit, iointe à vne extréme irregularité de raiſon, de laiſſer le teſmoignage de ſa conſcience pour ſuiure l'opinion d'autruy, & de croire moins à noſtre cœur qu'à la diſſimulation d'vn fourbe? C'eſt vne folie ſpecieuſe de ſ'enfler d'vn vent d'vne loüange apoſtée, de ſe réjoüir de ſe voir dupé, & de prendre la mocquerie pour vn bien-fait.  On cherche l'honneur dans l'ignominie.  Que les autres facent des fautes ſous vn beau pretexte de perfection; Pour vous, Madame, ne recherchez point les eloges des hómes, ſi vous deſirez d'eſtre veritablement loüable; preparez voſtre cœur pour celuy qui portera du iour iuſqu'au fonds des tenebres, qui manifeſtera ce qu'il y a de plus ſecret dans les cœurs, & lors vous reconnoiſtrez ſil ne vaut pas mieux eſtre eſtimé du Crea-

teur que des creatures. Apres cela, tenez toufiours
voftre ame éueillée contre l'ennemy qui ne dort
point, & qui ne veille qu'afin de vous ofter le vray
repos : Pour ne point faillir en des chofes d'importance, ayez toufiours des preferuatifs contre les fautes les plus legeres, & craignez mefme où il ne faut
pas craindre, pour toufiours craindre où il faut. Que
voftre difcours foit dans vne mediocrité circonfpe-
cte, & dans vos entretiens donnez à connoiftre que
vous parlez pluftoft par vn motif de neceffité ou de
bien-feance que par vne fimple enuie de difcourir.

XXIV.    Il faut qu'vne chafte retenuë ferue
d'ornement à voftre prudence, & que la pudeur qui
eft la plus haute qualité des honneftes femmes, tienne l'empire fur toutes vos autres vertus. Deuant que
d'ouurir la bouche pour dire vn mot, confultez auec
voftre confcience fil le faut dire , & prenez garde
dans le filence à ne vous pas repentir apres que vous
aurez parlé. Il faut que la penfée pefe toutes vos paroles, & que la balance du iugement menage bien
les trefors de voftre langue. C'eft ce que veut dire
l'Efcriture Saincte quand elle nous aduertit de puri-
fier noftre or & noftre argent, de faire vne balance
à nos paroles & vn frein à noftre bouche, de peur
qu'vn fi petit membre que la langue ne nous caufe
de grands maux. Il ne faut iamais qu'vn mauuais
mot forte de voftre cœur contre le prochain , veu

que pour comble de bonté vous estes obligée de benir ceux qui vous maudissent. Nous deuons vaincre les fougues d'autruy par vne inuincible patience,
& adoucir leur cholere en la supportant. Les trans-
ports de leurs passions cederont à vostre modestie, & vostre douceur flechira leur cruauté. Pour
les iuremens & les mensonges, ie veux que vous
ignoriez que c'est que d'en prononcer, & que vous
aymiez tellement la verité, que tout ce que vous as-
seurerez simplement puisse passer pour vn serment
solennel. Le Sauueur nous apprend à nous contenter d'vne nuë exposition des choses que nous auan-
çons, & de mener vne vie si irreprochable qu'on ne
puisse iamais douter de nostre fidelité. Ceux qui
confirment vne chose auec trop d'empressement
semblent iuger qu'on a raison de croire qu'elle est
deguisée.

X X V. Conseruez le repos de l'ame dans
vos entretiens aussi bien que dans vos actions, &
soyez tousiours plus presente d'affection à Dieu qu'à
vous-mesme. Ayez tousiours les yeux sur luy, puis-
que c'est vn Espoux qui ne vous perd iamais de
veuë. Tenez vous tousiours dans l'humilité si vous
voulez entrer dans la gloire, & n'ayez iamais d'ambi-
bition que de triompher de la vanité, & d'abbattre
tous les vices dans vostre ame. Ne souffrez iamais
que l'orgueil vous éleue, ou que l'auarice vous ab-

baisse. Que la cholere ne vous emporte point, & que la lascheté ne vous ramollisse iamais le cœur. Il n'y doit rien auoir au monde de si beau ny de si pur qu'vne ame où Dieu doit habiter plus volontiers que dans vn Temple. Ce ne sont pas proprement des Eglises magnifiquement basties ny des Autels enrichis de perles qui aggreent à ses yeux, mais plustost vne ame embellie de vertus. En vn mot, l'esprit luy plaist plus que la matiere, quelque delicate qu'elle soit. C'est pour cela que les cœurs des Saincts s'appellent des temples, & que l'Apostre dit que ceux qui les violeront, Dieu les perdra infailliblement. La saincteté ne doit pas souffrir de prophanation en elle-mesme.

XXVI. Mais principalement faites tousiours grand estat de l'humilité, & persuadez-vous qu'il n'y a rien ny de plus aymable ny de plus noble. C'est comme la conseruatrice & la gardienne de toutes les autres vertus : & le moyen de nous rendre parfaictement agreables à Dieu & aux hommes, c'est d'estre grands en merite deuant le monde, & petits à nos propres yeux. C'est ce que veut dire le Sage quand il dit que plus vn homme est eleué, plus il se doit humilier en toutes choses, & que s'il veut auoir de la grace deuant Dieu, il ne doit pas trop rechercher d'en auoir deuant les hommes. Le Seigneur dit aussi par la bouche de son Prophete, que son

Esprit ne se reposera que sur celuy qui ne se repose
point sur soy-mesme, qui vit dans vne parfaite tran-
quillité parmy les troubles de la vie, & qui dans l'a-
mour qu'il porte à Dieu, sçait tousiours trembler
deuant la face d'vne si grande Majesté.  Toutesfois,
quand ie vous parle de vous adonner à l'humilité, ne
vous imaginez pas que ie parle do celle qui est plustost vn orgueil deguisé, qu'vne vraye sousmission.
Quelques-vns croyent que cette vertu ne consiste
qu'à parler bas, ou qu'à contraindre vn peu les gestes
du corps; Pour moy, ie parle d'vne perfection qui a
ses racines dans le cœur & ses fruicts au dehors. C'est
toute vne autre chose de posseder vne vertu que de
n'en auoir que la ressemblance: & ce n'est pas auoir
trouué la verité des choses que de n'en poursuiure
que l'ombre. Il n'y a point de superbe plus difforme
que celle qui se couure de quelques marques d'humilité.  Car les vices sont en certaine façon plus laids
quand ils sont cachez sous l'apparence des vertus.

XXVII.    Ne vous preferez à personne pour
la noblesse de l'extraction, & ne pensez pas que d'autres vous soient inferieures pource qu'elles ne sont
pas nées dans la Grandeur.  A bien prendre les choses, nous venons tous de la race d'vn laboureur qui
fut banny du Paradis terrestre apres s'estre rendu criminel de leze Majesté Diuine.  Et puis la Religion
ne sçait que c'est de mettre de la difference entre les

conditions des perſonnes : elle regarde plus les qualitez de l'ame que celles de la fortune ; elle iuge de la nobleſſe & de la ſeruitude par les mœurs des hommes, & non pas par leur maiſon. Il n'y a proprement qu'vne eſpece de liberté deuant Dieu, qui eſt de n'eſtre point ſubjet au peché. Le plus haut poinct de nobleſſe, à l'aduis de ce grand Iuge Souuerain, c'eſt d'eſtre eminent en vertu. Ce ne ſont pas nos ayeuls ; ce ſont nos perfections qui nous peuuent rendre illuſtres. Il n'y a point eu d'homme plus eleué en dignité que Sainct Pierre, & neantmoins c'eſtoit vn pauure peſcheur. Eſt-il de femme qui ayt plus de grandeur que MARIE, c'eſt pourtant la femme d'vn Charpentier ? Ce Peſcheur fut fait Chef & Conducteur du grand Vaiſſeau de l'Egliſe, & ce pauure fut fait Diſpenſateur de tous les treſors du Ciel. N'ayant eu qu'vne barque ſur la terre, il a maintenant les clefs du Royaume du Ciel. Tout de meſme, cette femme d'vn Charpentier a merité d'eſtre Mere de celuy qui a donné les clefs à Sainct Pierre. Dieu a choiſy les choſes du monde les plus mépriſables pour humilier plus facilement les grandes. Il ſ'eſt ſeruy du neant pour deſtruire ce qui eſtoit ; il a pris les rebuts de l'vniuers pour les eleuer au faiſte de ſa gloire & de ſon agreement. Ainſi donc, c'eſt à tort que quelques-vns ſe vantent des aduantages

de leur

de leur naissance, veu qu'en l'estimation de Dieu tous les fideles sont d'vne mesme condition, & qu'ayāt esté tous racheptez du Sang de son Fils bien-aymé, ils ont esté mis à vn mesme prix. Il n'importe point de quelle race vn homme est né, veu que nous renaissons tous egalement en IESVS-CHRIST. Et certes, si nous nous oublions d'auoir esté tous originairement engendrez d'vn seul homme, nous nous deuons souuenir que nous sommes tous regenerez par vn autre.

XXVIII. Au reste, ne croyez pas estre arriuée à la fin de la perfection si vous auez commencé d'estre abstinente. Ce n'est pas estre saincte que de ieuner; l'abstinence & la sobrieté sont des aydes qui nous seruent à acquerir la saincteté, mais qui ne sont pas l'acheuement de la saincteté mesme. Au contraire, vous deuez prendre garde que vous passant des choses licites, vous n'ayez trop de confiance de vous pouuoir passer desormais des defendues. Tout ce qu'on offre à Dieu par supererogation, c'est à dire par dessus l'exigence de la Iustice, ne doit pas empescher, mais ayder la Iustice mesme. Que sert-il d'extenuer le corps à force de ieunes si l'ame s'enfle d'orgueil? Quelle loüange merite-t'on de pâlir par vn effect de l'abstinence si l'envie nous donne aussi des impressions de sa couleur? Y a-t'il de la vertu à ne point boire de vin, & à s'enyurer cependant d'a-

O

m our ou de haine? L'abſtinence eſt excellente, &
le chaſtiment du corps eſt fort aduantageux lors que
l'ame ſ'abſtient du peché, quand l'appetit ſ'abſtient
de manger. Voire meſme, ceux qui ſçauent vſer de
l'abſtinence comme il faut, & qui ſont temperants
par raiſon pluſtoſt que par foibleſſe ou par caprice,
n'affligent leur corps qu'à deſſein d'abaiſſer l'orgueil
de l'ame, afin que deſcendant comme du faiſte de
l'arrogance par les degrez du meſpris d'eux-meſmes,
ils viennent à faire la volonté de Noſtre Seigneur,
qui ſ'accomplit principalement dans l'humilité. Ils
detournent leur eſprit de l'vſage & du deſir de pluſieurs viandes, pour occuper toute ſa force à la pour-
ſuite des vertus. Le corps ſent moins le trauail du
ieune & de l'abſtinence lors que l'ame a faim & ſoif
de la iuſtice.

XXIX. Quand Sainct Paul, qui de perſecu-
teur de l'Egliſe eſt deuenu vaiſſeau d'election, dit
qu'il aſſubjettit ſon corps pour trouuer vne parfaicte liberté, de peur que preſchant aux autres le
moyen de ſe trouuer parmy les éleuz, il ne ſe trouue
enfin au nombre des reprouuez; il ne faict pas tant
cela pour la Chaſteté que pour le courónement de la
perfection. L'abſtinence ne ſert pas ſeulement à
cette vertu, mais encore à toutes les autres. Ce n'eſt
pas toute la gloire de l'Apoſtre, que de ne pas eſtre
impudique; il veut donc edifier ſon ame par vne

deſtruction morale du corps, afin que ſon cœur ayt
d'autant plus de loiſir de ſonger à l'acquiſition des
vertus qu'il ſongera moins à la recherche des voluptez.   Ce Maiſtre de perfection ne veut rien laiſſer
d'imparfait en ſoy-meſme, & ſe declarant imitateur
de IESVS-CHRIST, il ne pretend rien faire qui
ſemble tant ſoit peu contraire ou à la volonté ou à la
vie de IESVS-CHRIST.   Il ne veut pas tant enſeigner par parolle que par exemple, ny ſe damner
en ſauuant les autres.   Il pretend de ſe couurir du
reproche que Noſtre Seigneur faiſoit ſi ſouuent aux
Phariſiens quand il leur diſoit que leurs cœurs e-
ſtoient auſſi prophanes que leurs parolles eſtoient
ſainctes.   Les Apoſtres au contraire nous ont preſ-
ché par effect & par preceptes, de n'auoir pas ſeulement ſoin de la conſcience, mais encor de la bonne
reputation. Et certes, ce n'eſt pas ſans raiſon que le
Maiſtre des Gentils entr'autres nous fait vne ſi belle
leçon, puiſqu'il veut que les Payens ſoient conuertis
par la conuerſation des fideles auſſi bien que par ſes
Sermons, & que la diſcipline des mœurs des Chreſtiens en particulier ſoit vne preuue generale du
Chriſtianiſme.

XXX.   L'Eſcriture auſſi nous ordonne de
reluire comme des flambeaux dans les tenebres du
monde, & de garder la probité parmy la corruption
des mœurs des hommes, afin que les eſprits incre-

dules quittent leur erreur en nous voyant suiure la
verité, & reconnoissent leurs vices par l'opposition
de nos vertus. C'est pourquoy nous ne deuons pas
seulement auoir soin de bien faire deuant Dieu, mais
encore deuant les hommes. Nous ne deuons donner aucun subiect de scandale ny aux Iuifs ny aux
Gentils, ny à la Synagogue ny à l'Eglise. S. Paul
nous propose en cela son exéple, en nous faisant part
de ses instructions, il dit qu'il tâche de plaire à chacun en tout & par tout; pource qu'il ne regarde pas
tant son interest particulier que le bien general du
monde. Heureux celuy qui regle sa vie auec vne
œconomie si iuste, qu'on n'ose pas mesme controu-
uer rien contre luy qui soit desauantageux à sa gloire aussi bien qu'à sa probité; de telle sorte que la
grandeur de son merite combatte tousiours l'enuie
mesme des medisans, & que personne n'ose feindre
ce qu'on sçait bien que personne ne croira ! Que
s'il est aussi difficile de venir à ce poinct de perfection
qu'il est glorieux à vne creature d'y estre enfin heureusement arriuée, ayós soin pour le moins de ne pas
donner subiect aux mauuaises langues de parler de
nos mauuaises actions, & de ne laisser pas sortir de
nous des bluettes qui causent apres ce grand incen-
die dont la fumée peut obscurcir nostre reputation.
Autrement certes, c'est hors de raison que nous nous
faschons contre les detracteurs si nous leur fournis-
sons matiere de detracter.

XXXI. Que si au contraire ils ne laissent pas de nous blâmer quoy que nous ne facions que de loüables actions, & s'ils nous diffament pource qu'à leur aduis nous auons trop de soin de l'honnesteté, nous deuons nous consoler dans les satisfactions de nostre propre conscience, qui n'est iamais plus asseurée que lors qu'on l'accuse, quoy qu'elle soit irreprochable. Pourueu que nous craignions Dieu, ne craignons pas les discours des hommes. Si nous ne leur donnons pas occasion de mal penser, ne nous soucions pas de les entendre médire. Souuenons-nous que le Prophete iette le carreau de malediction contre ceux qui appellent le bien du nom de mal, & le mal du nom de bien, qui prennent la lumiere pour les tenebres, & les tenebres pour la lumiere ; en vn mot, qui trouuent de la douceur où il n'y a que du fiel, & du miel où il n'y a que de l'amertume. Apres tout, c'est vn grand aduantage pour nous que le discours du Sauueur, qui appelle bien-heureux ceux que les hommes maudissent, se puisse verifier en nostre personne. Taschons seulement de faire en sorte qu'aucun ne puisse offenser nostre reputation qu'en offençant la verité, & qu'on soit obligé de mentir deuant que de nous blâmer. Pour conclusion, ie vous recommande d'auoir vn tel soin de vostre maison, que vous ne sembliez pas negliger vostre ame. Ce qui est necessaire vous doit tousiours plus occuper ·　·

O iij

que ce qui n'eſt qu'acceſſoire. Ayez quelque lieu cõ-
mode & eloigné du bruit ordinaire de la famille, où
vous puiſſiez parler à Dieu apres auoir conuerſé auec
les hommes. Que ce ſoit là voſtre port où vous vous
retiriez apres les tempeſtes de la vie, pour calmer les
flots de vos penſées par la quietude de l'oraiſon.

X X X I I.   Vaquez à voſtre interieur apres
auoir vaqué à tout ce qui eſt hors de vous. Au
lieu de tant de Romans que les curieuſes liſent, ne
liſez que des choſes ſainctes, & apprenez pluſtoſt
d'excellentes veritez que des menſonges ſpecieux.
Soyez touſiours en priere, puiſque dans le monde
vous eſtes touſiours en neceſſité quelque riche que
vous ſoyez, & ne mépriſez pas les threſors du Ciel
pour amaſſer ceux de la terre. Dans le temps ſongez
touſiours à l'Eternité, & commencez à viure comme
vous viurez apres voſtre mort. Ne perdez aucun
moment des heures que vous deuez deſtiner à Dieu,
& croyez auoir eſté bien oiſeuſe quand vous n'aurez
pas trauaillé pour luy. Or ie ne dy pas cecy pour
vous eloigner de vos domeſtiques meſmes, mais
pour vous approcher de Noſtre Seigneur. Voire,
i'oſe dire que ie les oblige au lieu de les rebutter,
puiſque ie veux que vous appreniez en ſecret quelle
vous deuez eſtre en public, & que vous ne ſerez iamais meilleure Maiſtreſſe de vos ſeruiteurs & de vos
ſujets que quand vous ſerez bonne ſeruáte de Dieu.

*Fin du premier Liure.*

# LA
# BIBLIOTHEQVE
## DES DAMES.

## LIVRE SECOND.

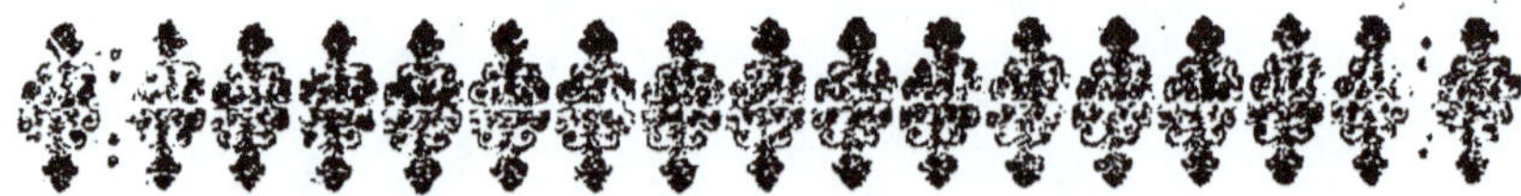

# ARGVMENT.

L n'appartient proprement qu'aux Grands d'auoir vn grand mépris du monde. Ceux qui poſſedent beaucoup, peuuent beaucoup quitter. Rome n'a preſque point veu de plus noble Dame que Paula, ny vne Sainĉte plus humble. Elle deſcendoit des plus illuſtres familles du monde, & ne pouuoit augmenter la gloire de ſa maiſon qu'en entrant dans celle de IESVS-CHRIST. Elle fut mariée à vn grand Seigneur nommé Toxotius, dont elle eut vn garçon & quatre filles, auſſi conſiderables pour leur vertu, que pour leur beauté ſinguliere. Son mary eſtant mort, elle ſe reſolut de ne plus viure qu'à Dieu, & fiſt voir dans la capitale de l'vniuers, vn triomphe ſolennel ſur toutes les vanitez du ſiecle. Enfin, ſ'ennuyant d'habiter en vne terre où l'Eſpoux Celeſte n'auoit iamais eſté en perſonne durant ſa vie, elle fiſt le voyage de la Paleſtine, auec autant de pieté que de patience. C'eſt là qu'elle baſtit quantité de Monaſteres pour les hommes & pour les femmes, qu'elle n'edifioit pas moins par ſes exemples que par ſes bonnes inſtruĉtions. Apres cela, elle eut le bonheur de mourir où le Sauueur eſtoit né. Et comme ſa

P

vie auoit esté la consolation des fideles , son deceds fut suiuy d'vne generalle desolation. Eustochium principalement en conceut plus de regret , pource qu'elle estoit fille d'vne si bonne mere , & qu'ayant perdu Paula , elle sembloit auoir perdu tout d'vn coup sa cause originelle & exemplaire. Sainct Hierosme , qui ne reueroit pas moins l'vne que l'autre, escriuit à la fille vne lettre de consolation sur le trespas de sa mere; où il estala également son eloquence & ses regrets, son respect , & l'affection qu'il auoit pour la sainctété. Il commence son discours par vne impuissance apparente de parler, & loüe souuerainement Paula , en disant qu'elle est par dessus toute loüange. Il passe apres legerement sur sa noblesse , remarquant qu'elle est plus recommandable pour l'auoir genereusement méprisée que pour l'auoir heureusement euë. Il décrit en suite la vie qu'elle menoit dans le mariage, accordant parfaictement l'austerité auec les plaisirs , & la continence conjugale auec la fecondité. Apres, il monstre comme ayant perdu son mary , elle ne voulut plus posseder de biens sur la terre, & comme elle ne trouuoit que bassesse dans toutes les grandeurs du monde. Il adiouste qu'elle prit vne belle resolution de changer la pompe de Rome auec l'humilité de Bethleem , & de preferer la petite terre de Iudée à la terre des plus grands Conquerans de l'vniuers. C'est là qu'ayant representé son voyage , il faict vn abregé de sa vie & de ses vertus, & compose son Epitaphe apres auoir faict son Eloge. I'ay creu que l'image de cette illustre Romaine ne

déplairoit pas aux Dames de Frãce; & qu'en considerant
ses voyages, elles aprendroient le moyen de marcher auec
seureté dans la carriere de la vertu. J'auoüe neantmoins
que ie n'ay pas traduit tout le discours de Sainct Hierof-
me de peur de rendre desagreable en françois, ce qui agrée
dans le Latin , & pour diuersifier les matieres , en les
abregeant. J'ay sur tout obmis le iournal de pelerinage
de Paula, tant pource qu'il est vn peu long , qu'a cause
qu'ainsi que dit le mesme Docteur vne personne n'est pas
tant loüoble d'auoir esté en Hierusalem que d'y auoir
bien vescu. Au reste les Dames ne se doiuent pas rebuter d'vn exemple si haut , comme est celuy d'vne des plus
grandes Religieuses du monde; qu'elles imitent sa charité , si elles ne veulent pas tout quiter pour l'amour de
Dieu. Qu'elles viuent comme elle viuoit dans le mariage, si elles ne peuuent pas viure comme elle a vescu
dans le Celibat. L'occasion ne leur permettant pas de
visiter les saincts lieux, qu'elles se souuiennent au moins
de s'esloigner des prophanes. En vn mot, si leur estat les
empesche de suiure de si pres le Sauueur, qu'elles ne le
suiuent pas de trop loing.

Apres ces auertissements generaux, i'en dois donner
encore deux particuliers aux personnes qui auront vn
peu de temps à employer pourouyr vn mauuais truche-
ment d'vnbon Genie. L'vn est que comme sainct Hierosme fut blasmé d'auoir escrit en faueur de Paula, quelques-vns ont aussi trouué mauuais que i'aye traduit saint

*Hierosme. Ils disent qu'il ne faut pas rendre communs les mysteres des Docteurs de peur de les rendre méprisables, & que ce qu'ils ont traité en leur siecle n'est pas tousiours bon pour le nostre. J'ay à respondre à ces mécontents que comme ceux qui blamoient la saincteté du grand Directeur de Paula estoient des esprits prophanes ceux qui blasment son interprete sont des impies. Les verités de la foy ne sont pas des choses qu'il soit defendu de sçauoir, & les traictés des saincts Docteurs qui peuuent regler les meurs des fideles, ne nous sçauroient estre trop familiers. La perfection est bonne pour tous les siecles, aussi bien que pour tous les âges, & il n'y a point de temps dont la prescription nous puisse dispenser de songer à l'eternité. L'autre auis que ie donne icy est, qu'encore que ie face estat de suiure par tout la fougue de S. Hierosme, ie ne m'estends pas pourtant à l'egal de luy. Je tasche de prendre son sens sans prendre tousiours ses termes, & ne crois pas le choquer en adoucissant un peu cét air de seuerité qu'il semble tirer du desert. Il ne sera pas marry de reuenir de Bethleem à la Cour, pourueu que de la cour il puisse mener des personnes en Bethleem.*

# ELOGE
# DE Sᵗᵉ· PAVLA
## PAR SAINCT HIEROSME.

I. QVAND i'aurois autant de langues que mon corps a de parties, & que tous mes membres sembleroient estre eloquens, ie n'aurois pas assez de voix pour publier les vertus incomparables de Paula. Car vn subject que les Anges ont admiré ne sçauroit estre bien exprimé par des paroles humaines. Cette Dame estoit issuë d'vne extraction extremement noble, mais sa saincteté auoit de beaucoup accreu sa noblesse : & si les richesses la rendoient autres-fois puissante, la pauureté de IESVS-CHRIST la rend bien plus considerable. C'est vne merueille de voir qu'vne personne qui descendoit du Sang des Gracques & des Scipions, qui auoit herité des biens aussi bien que du nom de Paul, qui contoit parmy ses ancestres la mere mesme du conquerant de l'Affrique, ait preferé Bethleem à Rome, & changé

des Palais tous d'or & de marbre à la baſſeſſe d'vne
cellule de chaume & d'argille.

I I. Nous ne pleurons pas pour auoir perdu
vne ſi grande Princeſſe, quoy que ſa perte nous
ſemble eſtre irreparable: mais nous remercions Dieu
de nous auoir permis de la poſſeder, & de nous en
laiſſer meſme la ioüiſſance lors qu'elle n'eſt plus au
monde. Nous ſçauons que toutes choſes viuent en
Dieu, & que tout ce qui s'en retourne au Seigneur,
fait nombre dans ſa famille. Les palmes du Liban
ne meurent pas, quoy qu'on les tranſporte auprés
de ce fleuue qui arrouſe la Hieruſalem celeſte. Aſ-
ſeurément celle que nous regrettons n'a ceſſé de paroiſtre ſur la terre que pour paroiſtre dans l'Empirée.
Elle eſt ſortie d'vn exil pour entrer dans ſa Patrie.
Tant qu'elle eſtoit attachée au corps elle ſembloit
eſtre ſeparée de ſon Eſpoux, & ſe plaignoit ſouuent
de la longueur de ſon pelerinage mortel dans la
briefueté de la vie.

I I I. Il luy faſchoit vn peu de conuerſer auec
les habitans de Cedar, deuant faire vn eternel commerce auec les Citoyens du Ciel. Elle ne pouuoit
ſouffrir les tenebres dans l'attente d'vn ſi grand iour:
Elle voyoit que la lumiere du monde n'eſtoit rien
qu'vne obſcurité viſible, & que ſes yeux eſtoient
bien foibles ou abrutis, puiſqu'ils n'auoient pas pû
apperceuoir celuy qui eſtoit la ſplendeur du Pere &

le Soleil de Iuſtice. Sur cette penſée elle ſe regardoit
pluſtoſt comme voyagere que comme femme du
ſiecle, & ſa ſanté meſme luy déplaiſoit, pource qu'elle ne luy permettoit pas de voir rópre cet entre-deux
qui l'épeſchoit de voir ſon bien-aymé face à face. Au
contraire, elle eſtoit bien aiſe d'auoir force maladies,
pource qu'elles l'approchoient de ſon bon-heur : Et
pour ſ'accouſtumer par auance à mener vne vie toute diuine, elle ſe paſſoit quelques fois des neceſſitez
meſme de la nature.   Le ieuſne ſembloit eſtre ſon
element, & ſon appetit interieur n'eſtoit iamais aſ-
ſouuy que quand ſon abſtinence la rendoit quaſi
famelique.   Au reſte, parmy les pointes de ſes dou-
leurs, elle ſ'eſcrioit auec autant de douceur que d'affliction, comme ſi elle euſt veu le Paradis entr'ouuert : *Qui me donnera des ailes de Colombe pour me re-*
*poſer aupres de l'Agneau ? Ie cognois maintenant que ie*
*puis entrer dans la gloire, puiſque le Sauueur du monde*
*me fait l'honneur de me donner quelque part à ſes ſouf-*
*frances.*

   I V.   Ie prends icy à teſmoin I E S V S meſme,
tous les Saincts de ſa Cour, & l'Ange qui fut enſemble gardien & compagnon de Paula, ſi tout ce que
ie diray à ſon honneur n'eſt pas pluſtoſt vne de-
claration de la verité qu'vn effet de la flatterie.   Ses
merites ſeront touſiours plus grands que les Eloges
qu'on en peut faire.   Apres tout, ie n'ay point de peur

d'estre démenty , veu que ce que i'auanceray sera solennellement auoüé de tout l'vniuers , toutes sortes de personnes en ayant parlé deuant moy. Ie loüe vne Dame que tous les Pontifes reuerent, que toutes les Vierges regrettent,& auec laquelle tous les orfelins conjointement auecque les Religieux disent que leur esperáce est morte. Voulez-vous sçauoir en vn mot toutes ses perfections, quoy qu'elles soient infinies? Elle vient de quitter ici bas tous les pauures qu'elle nourrissoit comme ses enfans, quoy qu'elle fust plus pauure qu'eux. Il ne faut pas s'estonner si i'ay appellé pauures ses parens ou ses domestiques, qu'elle prenoit pour ses freres ou pour ses sœurs, veu qu'elle n'a laissé sa fille riche que des dons de la Foy & des faueurs de la grace. C'est Eustochium dont ie pretends alleger la douleur par cet Eloge de sa mere, & qui estant consacrée à Dieu , & ayant pû succeder aux droicts de tant d'illustres predecesseurs ne cherche son eleuation que dans son humilité, & met tous ses tresors à n'auoir point de richesses. Mais la modestie de la fille me semble aduertir de taire ses loüanges pour dire celles de sa mere.

V. Ie laisse à d'autres escriuains le soing de parler de la naissance de Paula ; Pour moy, ie ne veux traiter que la suite de sa vie. Qu'ils loüent Blesilla & son pere Rogatus, dont l'vne descendoit des plus anciennes maisons de Rome , & l'autre estoit assez ce-

lebre

lebre dans toute la Grece, tant par sa propre grandeur, que par la noblesse qu'il tiroit mesme d'A-
gamemnon l'vn de ses predecesseurs, qui semble
estre le subiect de toutes les fables, aussi bien que
de toutes les Histoires. Nous regarderons en ce
lieu ce qui appartient proprement à Paula, & non
pas ce qui est hors d'elle-mesme. Nous conside-
rerons plutost cette belle eau dans son cours, que
dans sa source. Ce n'est pas qu'il faille mespriser
les auantages de la naissance; mais c'est que ceux
de la bonne vie doiuent estre preferées à tous les
autres : les vns despendent de la fortune , & les
autres de la vertu. Le Sauueur promet le centuple
mesme en ce monde, & vn bon-heur Eternel en
l'autre, à ceux qui pour son Amour quittent les
biens temporels , & refusent d'estre à leur aise,
pour estre plus agreables à leur Seigneur. D'où
nous pouuós apprendre, que ce n'est pas vn poinct
de loüange , que de posseder des richesses , mais
plutost de les mespriser pour la gloire de IESVS-
CHRIST. Ce n'est pas estre veritablement illustre, que d'acquerir des honneurs, mais de n'en
faire point d'estat, suiuant les Maximes de la foy;
C'est la grandeur la plus legitime & la plus haute,
suiuant la mesure du Ciel.

VI. Et certes on peut remarquer par l'exemple
de cette Dame, que Dieu est plus liberal dans les

effets, que dans ſes promeſſes, & qu'il ſçait touſiours mieux recompenſer les bonnes actions, que
nous ne les ſçauons faire. Pour auoir meſpriſé la
pompe d'vne ſeule Ville, Paula triomphe gene-
reuſement dans tout l'Vniuers : elle eſt honorée
de toutes les Nations, pour auoir fait peu de cas
des applaudiſſemens du peuple Romain ; & au
lieu qu'eſtant à Rome, elle n'eſtoit connüe de
perſonne hors des murs de la capitale du monde,
Rome meſme, & toutes les terres qui en releuent,
l'admirent auſſi bien que la Barbarie, cachée qu'elle
eſt dans la grotte de Bethleem. Eſt-il de climat au
monde, d'où il ne vienne des Pelerins, pour contempler les Saincts lieux, où le Roy du Ciel a paru
viſiblement ſur la terre, & fait vn Paradis du ſeiour de noſtre banniſſement ? ont-ils iamais trouué dans la terre Saincte, rien de plus admirable
dans l'ordre des Creatures, que Paula?

VII.   C'eſt vne Perle, dont le prix fait que
les autres ſemblent n'en auoir point. C'eſt vn Soleil qui eſblouït & obſcurcit, pour ainſi dire, toutes les eſtoiles par l'excez de ſa lumiere. Elle a ſur-
paſſe la puiſſance de tous les hommes par ſa pro-
fonde humilité, elle a donné des exemples à tout
le monde, en luy cachant ſes plus excellentes
actions : elle a eſté apparemment la moindre de
toutes les femmes, pour eſtre vne des plus grandes:

plus elle s’abbaissoit aux yeux du monde, plus IE-
SVS-CHRIST la releuoit aux yeux de son Pere. Elle
vouloit viure incognuë, & chacun la cognoissoit;
elle se manifestoit en se cachant; fuyant l’honneur,
elle le meritoit tousiours, & receuoit de la gloire, lors qu’elle la refusoit. C’est aussi la nature de
la loüange, que d’estre l’ombre de la vertu, & d’a-
bandonner les personnes qui la recherchent, comme elle recherche celles, qui l’abandonnent.

VIII.    Mais qu’est-ce que ie fais ? Ie peche
contre l’ordre du discours, pour loüer hors de
temps les vertus de Paula, & m’attachant trop
precisément à chaque chose, ie laisse le general de
sa vie. Sortant donc d’vne si illustre maison, dont
nous auons tantost parlé, elle entra par vn legitime mariage dans celle de Toxotius, qui descendoit
en droitte ligne d’Enée : comme le nom de Iules
qu’il portoit, & celuy d’Eustochium, qu’il fist aussi appeller Iulia, monstrent auec autant de grandeur, que de certitude. I’ay fait mention de cette Genealogie, non pas que ie face grand cas de
ceux qui ont de semblables prerogatiues de l’an-
tiquité de leur origine; mais pour ce que c’est vne
chose admirable de voir des personnes qui ne s’en
preualent point. Les hommes du siecle estiment
ceux que la Nature a fauorisez de cette façon,
aussi bien que la fortune; mais nous auons appris

à ne prifer que ceux, qui font eftat feulement des faueurs de noftre Seigneur ; & par vn admirable rencontre, nous loüons ceux, qui refufent d'auoir de ces auantages, au lieu que nous faifons peu de cas de ceux qui les ont.

I X.   Dans cette belle alliance, elle donna bien toft des tefmoignages de fa fecondité, auffi bien que de fa pudicité tres-entiere, premierement à fon Mary, & puis à fes parens, & generalement à toute la Ville; lors qu'elle produifit cinq enfans, qui dans la conftitution de leurs corps & de leurs ames faifoient bien voir, que d'vne bonne fource il ne peut venir que de bons Ruiffeaux. Elle vit n'aiftre Blefilla, comme les premices d'vn fi heureux mariage, quoy que la mort, qui l'emporta ne luy laiffa guere goufter les douceurs qu'elle efperoit tirer de fa vie. I'eus l'honneur autrefois de confoler la mere fur le decez de fa fille; comme à prefent, ie dois confoler la fille fur le decez de fa mere. Elle enfanta Paulina quelques années aprez, qui laiffa fon Mary Pammachius, heritier de fa vertu, comme de fes autres biens. Euftochium fut fa troifiefme production en ordre de temps, mais la premiere en merite. C'eft celle qui eft auiourd'huy vn precieux ioyau de l'Eglife & de la virginité, & qui dóne par fa vie aux Sainéts lieux mefmes, vn nouueau caractere de Sainéteté. I'en dirois bien

d'auantage, si i'escriuois à vne autre personne qu'à
elle-mesme ; mais ie ne veux pas que sa modestie
s'offence contre mon zele. Rufina nasquit aprez,
qui par vne fin auancée affligea autant sa mere,
que ses commencemens luy auoient causé de ioye.
Toxotius fut le dernier de ses enfans, aprez la naif-
sance duquel elle n'en conceut plus d'autre, pour
nous monstrer qu'elle ne prenoit les contentemens du mariage, que pour satisfaire aux desirs de
son Mary, & comme il vouloit auoir vn garçon,
elle fut feconde iusques à tant qu'elle euft accomply ses vœux. Aprez qu'il fut mort elle le regreta si
sensiblement, qu'elle faillit à mourir ; d'ailleurs
elle s'adonna tellement au seruice de Dieu, qu'elle
sembloit auoir souhaitté le trespas de son Mary,
pour auoir plus de moyens de ne viure desormais
qu'à l'vnique Espoux de nos ames.

X.   Comment pourray-ie icy representer cette noble magnificence, par laquelle elle distribua
aux pauures presque toutes les richesses d'vne des
plus nobles maisons de Rome; faisant voir par son
exemple, que c'est aux Grands qu'il appartient de
faire de grandes faueurs,  & de n'auoir des biens
plus que les autres personnes, que pour leur en faire part. Que diray-ie de cette douceur, & de cette
rare bonté de son ame, qui respandoit ses bienfaits
sur ceux-mesmes qu'elle n'auoit iamais veus, & de-

claroit par ſes actions, qu'elle ne ſeruoit point à veuë d'œil, mais par la ſeule conſideration de la vertu. A-on veu mourir de pauures, qu'elle n'ait fait enſeuelir à ſes deſpens; leur continuant aprez leur mort, les gratifications qu'elle leur faiſoit pendant leur vie: Il n'y auoit point d'inualide qui ne fuſt nourry par les ſoins de cette Dame, auſſi bien que par ſa contribution, elle les cherchoit curieuſement par toute la ville, comme les threſors viuans de IESVS-CHRIST, & de fideles changeurs, qui nous font trouuer dans le Ciel, l'argent que nous mettons ſur la terre. Elle contoit entre ſes diſgraces, ſi quelqu'vn ayant beſoin de ſecours ou de nourriture, en trouuoit ailleurs que chez elle. Elle depouilloit ſes enfans pour veſtir les membres de noſtre Seigneur, & quand ſes parens la blaſmoient d'auoir moins de ſoin de ceux de ſa maiſon que des eſtrangers, elle leur reſpondoit, que ſes enfans ne ſçauroient auoir vn plus ample heritage, que la miſericorde de Dieu, & la protection ſpeciale de ſa ſage Prouidence.

XI.    Si ſa charité eſtoit grande, ſa deuotion & ſon humilité n'eſtoiët pas moindres; ſon Palais luy ſembloit eſtre vne priſon, pour ce qu'il luy falloit receuoir quantité de viſites, & que ne voulant paſſer que pour ſeruante de Dieu, elle paſſoit encore pour la plus noble Dame de Rome. Elle ſ'affligeoit

de se voir tant honorée comme elle estoit , &
fuyoit les loüanges des flatteurs & des vrays amis
auec plus de soin, que les autres ne les cherchent:
Elle songeoit à se retirer de la Ville , pour posseder
veritablement son ame, en quittant toutes les pre-
tensions de la terre. L'exemple de quelques saincts
Euesques de l'Orient & de l'Occident, qui auoient
esté appellez à Rome , la fortifioient beaucoup
dans sa premiere resolution : & les discours de ces
Pasteurs des Eglises, luy persuadoient de rompre
auec le siecle, pour ne s'attacher desormais qu'à la
Religion. Elle vit entre autres le grand Epiphane
Euesque de Salamine en Cypre, qui fut mesme lo-
gé chez elle, & Paulin Euesque d'Antioche, qui
demeurant dans vne autre maison, donnoit pourtant ses plus sacrez entretiens à saincte Paula. Elle
souhaitoit passionnément de quitter sa patrie,
pour aller dans le Paradis terrestre, ie veux dire,
dans la solitude : elle s'oublioit de sa famille, & de
toutes les autres choses du monde, pour ne se souuenir que de l'Eternité, & de sa propre perfection.
Elle souspiroit aprez l'hermitage des Antoines &
des Pauls; & n'auoit point de plus grande ambition dans les plus nobles compagnies de Rome,
que de se voir enfin seule. Elle sçauoit bien qu'il y
a tousiours plus de Dieu , où il y a moins des
creatures.

XII. En effet l'hyuer s'estant passé dans vn zele si eschauffé de sortir de Rome, elle se resolut de faire le voyage auecque ces saincts Euesques, les accompagnant de ses vœux, aussi bien que de sa presence. Faut-il tant differer le recit d'vne action saincte, qui doit rauir tous les Anges, si les hommes la desaprouuent ? Elle s'en alla au port accompagnée de son frere, & suiuie de ses parens, & de ses alliez ; & ce qui est de plus sensible, de ses enfans, qui s'efforçoient de vaincre par amour & par tendresse, le courage d'vne si bonne Mere. On tendoit desia les voiles, & Paula perdoit terre auec le vaisseau, qui s'eslargissoit en Mer, lors que le petit Toxotius commença à tendre ses mains sur le riuage, pour arrester sa Mere, mesme lors qu'elle se retiroit. Rufina estant desia en estat de se marier, la prioit tacitement par ses larmes, d'attendre pour le moins iusques apres la solemnité de ses nopces, & de ne la pas quitter deuant qu'elle eust pris party. Mais Paula leuant les yeux au Ciel, les empeschoit de ietter des larmes, & l'amour de Dieu l'emportoit dans son cœur, sur l'affection qu'elle auoit pour ses enfans : elle ne se reconnoissoit plus pour Mere, pour se monstrer vraye fille du Pere eternel & fidele seruante de IESVS-CHRIST. Ce n'est pas que ses entrailles ne sentissent lors plus de conuulsions, que quand elle les enfanta ; elle ne pouuoit

uoit pas se separer de ses membres, sans souffrir de
la violence. Mais par sa constance elle combattoit sa
douleur , & se monstroit d'autant plus admirable
que les autres, qu'elle repoussoit mesme les assauts
d'vn excez de charité.

XIII.    Il n'est rien de plus fascheux dans la ca-
ptiuité mesme, que lors que les ennemis separent les
Meres de leurs enfans.  Paula faisoit cette diuision
par vn principe de Piete ; & vne moitié d'elle mesme
abandonnoit l'autre , par vne renonciation volon-
taire & absoluë.  Sa foy surmontoit les droits de nature ; elle ne s'ennuyoit pas de souffrir ces peines, veu
que son cœur en desiroit dauantage : elle preferoit les
interests de Dieu son Pere, à tous ceux de ses enfans;
& ne sembloit aymer qu'Eustochium, pour ce qu'elle estoit compagne de son dessein , comme de son
pelerinage.  Cependant le vaisseau s'auançoit bien
loin en Mer : Ceux qui nauigeoient auec elle regardoient le port du milieu des eaux , elle seule regardoit
d'vn autre costé,  pour ne pas voir ce qu'elle n'eust
sceu apperceuoir qu'à regret.  Vn libertin l'appelleroit cruelle, pour moy i'estime qu'aucune Mere n'a
tant aymé ses enfans,  que Paula; veu qu'elle leur
donna tous ses biens deuant que de partir, & s'exhe-
reda, pour ainsi dire, sur la terre, afin de trouuer vn
heritage dans le Ciel.

XIV.  La suite du chemin & sa deuotion parti-

R

culiere la porta vers l'Isle Ponce, celebre par l'exil de
saincte Flauia Domitilla, qui ayma mieux viure dans
la solitude, que non pas estre Maistresse de l'Em-
pereur, & prefera vne Cellule à tous les Palais de Rome. Vous eussiez veu vne saincte Dame qui prenoit
plaisir à se souuenir de l'autre, & qui par le desir qu'elle auoit de l'imiter, souffroit vn nouueau martyre
dans la paix du Christianisme. Mais Paula, qui vouloit bien tost descouurir la terre où Dieu s'estoit rendu visible, ne pouuoit pas s'arrester long temps en
des lieux où il n'y auoit eu que des creatures, & les ve-
stiges d'vne seruante de IESVS-CHRIST, ne luy
estoient rien en comparaison de celles du Maistre.
Quoy qu'elle fust en voyage, elle parcouroit desia
tout Ierusalem, portée sur les aisles de la Foy, & sui-
uât les mouuemens de l'amour. Elle trouuoit que les
vents n'auoient pas assez de legereté ; & à son aduis,
la vitesse mesme estoit paresseuse. Enfin aprez auoir
passé sans danger ces destroits, qui ne font fameux
que par les naufrages qui s'y font, & vogué sur la
Mer Adriatique, comme sur vn estang bien vny :
aprez auoir fait voir à Rhodes vn Soleil, qu'on n'y
auoit iamais plus veu, ny en beau ny en mauuais
temps, elle vint mouiller à Cypre, pour produire vn
vray miroir de pudicité, où l'infame Venus auoit esté
iadis adorée.  Ce fut là, que se iettant aux pieds du
grand Epiphane, elle fut retenuë durant dix iours,

non pas tant pour se refaire de la marine, que pour
auancer l'ouurage de Dieu. L'experience rendit cette coniecture toute euidente : car visitant les Mona-
steres du Pays, elle fist des legs pieux aux Religieux,
que ce grand personnage y auoit appellez de tous les
endroits du monde, pour sanctifier vne terre qui
auoit esté si long temps & si honteusement propha-
née des Gentils.

XV.    De Cypre Paula fit voile vers Seleucie,
plus fameuse par le nom de S. Basile, l'vn de ses Prelats, que par le renom de son fondateur ; en suitte elle tira vers Antioche, où ayant seiourné quelque
temps, pour iouyr de la conuersation de sainct Paulin, elle en partit au plus fort de l'hyuer, l'ardeur de
sa foy ne luy permettant pas de se reposer. On vit
alors vne femme qui se faisoit porter autrefois sur les
bras de quantité d'Estafiers, qui pour imiter son Seigneur, voyageoit sur vne asnesse : Ie ne nommeray
point icy tous les lieux où elle a passé, pour ce que
i'ayme mieux parler de sa conuersation, que de son
pelerinage ; & que ie fais plustost l'eloge, que le iournal de sa vie.   Ie diray seulement qu'estant arriuée à
Sarepta, elle entra dans la petite tour d'Helie, &
qu'ayant passé par les sables de Tyr, où sainct Paul
s'agenouïlla autrefois, aprez de longues courses, elle entra dans la terre qu'on appelle de Philistim, &
qui ayant esté iadis contraire au peuple de Dieu, estoit

maintenant fauorable aux fideles du Christianiſme.
Elle vit en ſuite la ville de Nobé, autrefois le ſeiour
des Preſtres, & puis leur tombeau. Elle paſſa par Iop-
pé, où Ionas trouua le port parmy ſon naufrage ; &
vis à vis de laquelle les Poëtes feignent qu'Andro-
mede eſtoit attachée, quand elle captiua le cœur du
Caualier qui la deliura. Son deſſein la mena à Nico-
polis, où noſtre Seigneur chágea la maiſon de Cleo-
phas en Egliſe, aprez s'eſtre fait connoiſtre apres ſa
mort en briſant le Pain de vie. Enfin ayant veu le lieu
où le vainqueur des Gabaonites donna ordre au Soleil de s'arreſter, pour ne pas interrompre le cours de
ſa proſperité, elle s'approcha de Hieruſalem, pour
adorer Dieu où il s'eſtoit rendu paſſible.

XVI. Le Goûuerneur du pays ayant ſceu ſon
artiuée, la fiſt receuoir hors la ville par ſes Officiers,
& luy fiſt preparer vn apartemẽt dans ſon Palais ;
cognoiſſant bien la maiſon d'où elle partoit, & eſtant
bien informé de ſa nobleſſe, comme de ſa ſainĉteté:
mais elle ayma mieux ſe renfermer dans vne Cellule,
que d'eſtre receüe dans dés chambres magnifiques.
Elle ne venoit pas voir IESVS-CHRIST dans la
pauureté, pour viure encore dans les richeſſes. Qui
pourroit exprimer cependant la ferueur dont elle vi-
ſitoit les lieux Sainĉts? Vous euſſiez dit qu'elle voyoit
tous les myſteres que la foy luy repreſentoit, & qu'elle n'adoroit pas ſeulement les traces, mais encore la

perſonne de IESVS-CHRIST. Quand elle eſtoit
en vn endroit, elle s'y attachoit tellement de cœur,
qu'on euſt iuré qu'elle n'euſt ſceu paſſer à vn autre.
D'ailleurs elle alloit auſſi librement de tous coſtez,
comme ſi elle n'euſt eu aucune attache particuliere.
Sur le Caluaire, elle déploroit la mort du Sauueur
auec noſtre Dame: elle le cherchoit dans le Sepul-
chre auecque la Magdelaine. Elle montoit en eſprit
auec luy dans le Ciel ſur la montagne des Oliues.
Mais en ſuite prenant le chemin de Bethlçem, elle
ſembloit accompagner la ſaincte Vierge en ſon
voyage: Elle adoroit le Verbe fait chair dans vne
eſtable, par l'enfantement d'vne mere Vierge. Elle
la ſuiuoit dans le Temple, mais non pas dans l'Egypte, que par deſir; De la creche elle paſſa au lieu où
les Paſteurs quitterent leurs brebis, pour venir voir
l'Agneau du Ciel couché entre deux animaux, &
dont la toiſon eſtoit toute blanche par l'effect de la
roſée, que le Ciel fiſt deſcendre dans vne ſechereſſe
vniuerſelle de la terre. Enfin à voir ſes voyages, vous
la prendriez plutoſt pour vn Ange, que pour vn
corps materiel, vny à vne ame ſpirituelle: On pourroit adiouſter icy l'accueil qu'elle receut des bons Religieux de la Terre ſaincte, & les biens qu'elle leur
fiſt: Elle croyoit voir IESVS-CHRIST dans tous
les ſainćts perſonnages, & ne penſoit pas tant marcher ſur la terre, que dans le Ciel.

R  iij

XVII.    Mais il vaut mieux parler de sa vertu, que de son voyage : car le chemin qu'on fait dans la carriere de la saincteté est beaucoup plus à priser, que le seiour des saincts lieux. Ie proteste neantmoins deuant Dieu & les hommes, que ie n'adiousteray rien à la verité des choses, comme ceux qui releuent la bassesse mesme, par la grandeur de leurs Eloges. Au contraire, ie passeray sous silence des poincts dont ie deurois parler, pour faire mieux croire ce que ie diray, en ne disant pas tout ce que ie pourrois dire : mes calomniateurs n'auront rien à mordre sur mon discours, quand ils me verront plus retenu à loüer, qu'ils ne le sont à blasmer les autres. L'humilité est la premiere vertu des Chrestiens : c'est pourquoy Paula en faisoit vn si grand estat, comme il paroissoit dans ses actions, que ceux qui ne l'auoient iamais veüe ne l'eussent pas prise pour ce qu'elle estoit, mais pour la moindre de ses seruantes. Quoy qu'elle fust tousiours enuironnée d'vne belle trouppe de vierges, elle sembloit la plus petite de toutes, en ses habits, en son parler, en son maintien & en sa desmarche. Depuis la mort de son mary iusques au iour qu'elle deceda, elle ne mangea iamais en compagnie d'aucun homme, pour sainct & familier qu'il peust estre; afin de ne pas tomber en dáger où il y en auoit. elle fuyoit mesme les occasions, où il n'y en auoit point. Pour les bains, elle ne s'en seruit iamais, qu'en quelque extremité de maladie , & sçachant bien que le corps n'est que boüe & que pourriture, elle ne se mettoit pas en peine de le lauer. Elle fuyoit la mollesse des draps, mesme dans les ardeurs de sa fieure, & n'auoit pour lict que la terre, ny pour couuerture que des cilices : elle auoit tousiours vescu comme celles qui n'ont point besoin de penitence, & faisoit penitence, comme celles qui ont tousiours mal vescu.

XVIII. Elle ne prenoit de repos que dans la peine, & ne s'endormoit que parmy les veilles ; son oraison faisoit croire , que sa vie n'estoit qu'vn iour continuel, ou vne nuict perpetuelle : elle arrosoit son lict d'vne fontaine de larmes, & pleuroit si amerement les petites fautes, qu'à voir de si grands regrets vous l'eussiez iugée coulpable des plus grands crimes. Et comme ie l'aduertissois d'espargner vn peu ses yeux, & de les conseruer pour la lecture des saincts Liures, si elle les vouloit perdre, pour ne plus voir les pompes du monde, elle me respondoit auec autant de constance que de douceur : *Il faut défigurer vn visage , que i'ay autrefois embelly contre la volonté de Dieu, & que les impressions du fard que i'y appliquois iadis soient effacées par la sincerité de mes larmes. Il faut tourmenter vn corps qui a iouy de quantité de plaisirs, & punir vn rire dissolu, par des pleurs continuelles : l'austerité presente doit corriger ma delicatesse passée. Que le cilice matte vne chair , qui autrefois trouuoit la soye encore trop rude : l'ay tasché de plaire au monde & à mon mary, ie veux maintenant n'agreer qu'à* IESVS-CHRIST.

XIX.  Si i'entreprends de loüer à present sa pudicité, on croira que ie ne dis rié de nouueau, veu que mesme estant dans le siecle, elle a passé pour vn parfait exemplaire de chasteté, & que la mesdisance qui ne respecte non plus la saincteté, que le vice, n'a iamais peu inuenter que des Eloges pour elle. Tant s'en faut que Paula ait failly, qu'elle n'a iamais esté soupçonnée de pouuoir faillir, en ce qui regarde l'honeur des Dames. Au reste, côme il n'y auoit rien de si doux que son humeur, il n'y auoit rié de plus infléxible que sa constâce : elle estoit affable aux petits, mais elle n'auoit point de cómerce auec les gråds : son esprit estoit pourtát si discret, qu'elle ne mesprisoit pas mesme les orgueilleux, par vn desdain qui les offéçast. Elle hayssoit leurs imperfections, mais elle aymoit leurs personnes : si elle rencontroit vn pauure, elle le nourrissoit ; si vn homme riche, elle l'exhortoit à faire du bien, & à donner peu de chose sur la terre, pour posseder tout le Ciel. Ses autres bonnes qualitez, estoient dans la mediocrité necessaire à la vertu. Il n'y auoit que sa liberalité qui fust excessiue : elle faisoit banqueroute, pour ainsi dire, afin de ne refuser pas vn de ceux qui luy demandoient l'aumosne ; & d'autre part vous l'eussiez prise pour vsuriere, voyant auec quel soin elle amassoit dequoy leur donner.

XX. II

X X.   Il faut que i'auoüe ma foiblesse , en publiant sa vertu. Comme ie voyois ses profusions, ie
blasmois sa facilité magnifique , luy disant par les
paroles de l'Apostre , qu'il ne faut pas nous mettre en peine pour trop soulager autruy : que nostre abondance doit ayder la pauureté du prochain,
mais qu'aussi l'abondance des biens qu'il reçoit de
nous , doit empescher nostre disette : l'adioustois
suiuant les maximes de IESVS-CHRIST, que celuy qui a deux tuniques, n'est obligé que d'en donner vne à celuy qui n'en a pas : qu'enfin elle deuoit
prendre garde à pouuoir faire tousiours ce qu'elle
faisoit si volontiers. Elle me respondoit auec vne
modestie égale à sa magnificence, qu'elle ne croyoit
pas mal faire, faisant tout pour l'amour de Dieu, &
qu'elle n'auoit qu'vn desir au monde, qui estoit de
mourir si pauure, qu'elle ne peust pas laisser vn escu
à sa fille, & qu'elle fust enseuelie dans vn liceui qu'on
luy donneroit par aumosne. Aprez elle raisonnoit
de la sorte ; si la necessité m'oblige à demander quelque chose, ie trouueray plus de personnes qui me
donneront, que d'autres n'en trouuent qui les refusent : mais si ce pauure vient à mourir pour n'auoir
rien receu de moy, qui peux disposer mesme du bien
des autres, n'est-il pas vray qu'il me faudra rendre
conte de sa mort, comme de mes possessions ? Ie
voulois qu'elle fust vn peu plus auisée dans le mesna-

ge, mais elle auoit vne foy trop ardente, pour s'arrester aux choses du monde, auec trop de circonspection. Elle quittoit tout, pour ne s'vnir qu'à
nostre Seigneur. Elle suiuoit dans la pauureté,
l'heritier du Pere Eternel, qui auoit voulu estre le
plus pauure de tous les hommes, & taschoit de luy
rendre par gratitude, ce qu'elle en auoit receu par
grace. Enfin elle eut l'effet de tous ses desirs, ayant
laissé sa fille si endebtée, qu'elle n'esperoit pas de
se pouuoir acquiter iamais à l'endroit de ses crean-
ciers, si elle n'auoit pour caution celuy qui possede
tous les thresors de Dieu mesme.

XXI. Quelques Dames ont accoustumé de
faire du bien à ceux qui leur font des panegyriques,
& vsant de profusion enuers quelques vns, elles ne
donnent rien aux autres. Paula se comportoit tout
autrement, car elle donnoit à chacun ce qui luy
estoit necessaire, & luy retranchoit toutes les superfluitez. Iamais pas vn pauure ne s'en est retour-
né de sa presence, sans emporter de ses largesses.
Or cela ne venoit pas de la grandeur de ses richesses, mais de l'addresse qu'elle auoit à en faire pru-
demment la distribution. Aussi auoit-elle tous-
jours ces veritez au cœur & à la bouche, que ceux
qui font misericorde en cette vie, en experimente-
ront des effects en l'autre : qu'ainsi que l'eau esteint
le feu, l'aumosne esteint le peché : qu'il se faut faire

des amis de l'iniquité de Mammon , & les loger
volontiers chez nous , afin qu'ils nous reçoiuent
vn iour dans les tabernacles de l'Eternité. Qu'il ne
faut que donner l'aumofne pour auoir toutes chofes nettes : que Nabuchodonofor fut confeillé
d'appaifer Dieu, en faifant des prefens à fes creatures. Elle ne mettoit point fon argent à faire des
baftimens de ces pierres, qui s'en iront en cendre
auecque toute la terre, mais de ces pierres viuan-
tes qu'on roulle fur la terre, pour en baftir là haut la
cité du grand Roy, & qui n'eftant icy que pouffie-
re, fe doiuent changer là haut, en Iafpe, en Sa-
phyrs & en Emeraudes.

   XXII.   Mais ces auantages là, quoy que bien
particuliers , luy peuuent eftre communs auec
beaucoup d'autres perfonnes , & ce font plutoft
des degrez pour monter au faifte de la perfection,
que la perfection mefme. Le Diable recognoift
que ceux qui donnent leurs biens, ne donneroient
pas toufiours volontiers leur vie, & qu'il n'eft pas
fi difficile de fe defpouïller de toutes chofes, que de
foy-mefme. Nous fçauons que plufieurs ont donné l'aumofne , mais qu'ils n'ont rien donné de
leurs corps ny de leurs paffions. Ils ont tendu la
main aux pauures, & ont efté vaincus des voluptez de la chair. Ils ont blanchy le dehors, & laiffé le
dedans comme vne maifon de mort & vn feiour

de tenébres. Noftre Sainte ayant des maximes contraires, auoit auffi d'autres qualitez : fa continence eftoit fi extraordinaire, qu'elle fembloit outrepaffer les bornes de la raifon. Tant s'en faut qu'elle flataft fon corps, que mefme elle l'affommoit à force de ieufnes & de trauail. Elle ne prenoït de l'huile dans fes repas, que les iours de fefte, d'où nous pouuons iuger ce qu'elle faifoit du vin, du laict, du poiffon, des œufs, & des autres chofes qui n'eftoient reiettrées d'elle, que pour ce qu'elles eftoient de bon gouft. Cependant il y a des perfonnes qui fe croyent fort fobres à n'vfer que de ces mets, & qui s'imaginent que leur chafteté eft bien affeurée, quand elles s'en font bien faoullées.

XXIII. Les grandes vertus ne font iamais fans enuie. La foudre frappe plutoft les hautes montaignes, que les collines, & tombe auec plus d'effort fur ce qui fait plus de refiftance. Et certes il ne faut pas s'eftonner fi les hommes du commun font toufiours perfecutez, veu que noftre Seigneur mefme a efté crucifié par la ialoufie des Pharifiens, & qu'il n'y a point eu de Sainéts qui n'ayent eu des aduerfaires. Dans le Paradis mefme il s'eft trouué vn ferpent, dont l'enuie a fait entrer la mort dans vn feiour d'immortalité. Dieu fufcita donc vn autre Adab Iduméen à fainte Paula pour la tenir dans l'humilité, mefme dans

ſa plus haute eleuation. Il la vouloit auertir qu'il
ne ſe faut iamais aſſeurer de ſa vertu, tant qu'on
eſt en vn pays, où le vice regne indifferemment
auecque la ſanɛteté, & où la femme la plus forte
ſemble eſtre touſiours vn peu foible. Ie luy diſois
qu'il falloit vn peu ceder au temps, auſſi bien qu'à
la folie des meſdiſans : que ceux qui parlent mal
des autres, ſe diffament plus qu'ils ne les offencent,
& qu'ils ne font que cracher contre le Ciel, en
décriant ceux qui y conuerſent touſiours. Ie luy
rapportois l'exemple de Iacob, & de Dauid, dont
l'vn s'enfuit en Meſopotamie, pour euiter la perſecution de ſon frere, & l'autre ayma mieux ſe mettre entre les mains des Allophylles ſes ennemis,
que de ſe mettre à la diſcretion de ſes enuieux.
Elle me repartoit que i'aurois raiſon, ſi le Diable
ne combattoit pas en tous lieux contre les ſeruantes de IESVS-CHRIST, & s'il n'alloit pas deuant elles par tout où elles ſe peuuent refugier.
Qu'elle ne ſe ſoucieroit pas de la perſecution preſente, ſi à l'auenir elle eſperoit quelque trefue, &
qu'elle peuſt trouuer ſon cher Bethleem en quelque autre climat du monde; car pour le reſte, elle
eſtoit bien aiſe de vaincre l'enuie par ſa patience,
& la ſuperbe, par vne tres-profonde humilité.
Qu'elle ſçauoit bien qu'à celuy qui nous frappoit
vne ioüe, il falloit preſenter l'autre, & vaincre le

mal par le bien, comme sainct Paul nous l'enseigne par precepte & par pratique : qu'ainsi les Apostres se glorifioient d'auoir eu le bon-heur de souffrir quelque ignominie pour la querelle de IESVS-CHRIST. Que le Seigneur de tout le monde s'estoit humilié, en prenant la forme de seruiteur, & qu'il auoit enduré la mort, afin de nous donner la vie. Que si Iob n'eust vaincu Satan, il n'eust pas receu la Couronne de Iustice. Que l'Euangile declare specialement bien-heureux ceux qui souffrent persecution : que la conscience n'est iamais plus satisfaicte, que quand elle nous tesmoigne que nous n'endurons pas tant pour la punition de nos pechez, que pour l'espreuue de nostre vertu. Qu'enfin les afflictions du siecle sont la matiere la plus prochaine des recompenses & des contentemens de l'Eternité.

XXIV. Quand son ennemy passoit de la hayne interieure qu'il luy portoit aux paroles iniurieuses, elle disoit auec le Prophete Roy, qu'elle ne sçauoit point respondre au pecheur, non plus que s'entretenir auec luy ; qu'elle n'auoit point d'oreilles, ny pour entendre ses loüanges, ny pour ouyr les iniures qu'on luy disoit. Que si l'autre auoit vne langue pour la maudire, elle n'en auoit que pour le benir, & le remercier du plaisir qu'il luy faisoit, en luy donnant suiet d'exercer vne

generosité veritablement Chrestienne. Elle se representoit dans les tentations, ce qui est couché
dans le Deuteronome, que Dieu veut voir quelque fois si nous l'aymons de tout nostre cœur, en
faisant semblant de s'entendre auecque nos ennemis. Qu'il se comporte comme vne mere, qui ne
laisse pas d'aymer son enfant, quoy qu'elle le se-
ure de sa mammelle. Que c'est la tribulation qui
fortifie l'esperance ; & qu'vne femme n'a point de
moyen de se rendre semblable aux hommes, qu'en
endurant aussi genereusement qu'eux toutes les
trauerses qui luy arriuent. Enfin elle n'ignoroit
pas que l'affliction produit la patience en l'esprou-
uant, & que la patience cause l'espreuue ; l'espreuue engendre l'esperance ; or l'esperance ne nous
laisse iamais dans la confusion, quoy qu'elle nous
laisse quelquefois dans l'inquietude. Que si l'homme qui paroist au dehors, vient à se corrompre,
celuy qui est au dedans se renouuelle, & vne legere tribulation, quoy qu'elle passe en vn moment,
opere en nous vn poids eternel de gloire. Mais
pour iouyr de l'effet des promesses de Dieu, il ne
nous faut pas regarder que ce qui se voit, mais ce
qui ne se voit point ; Car ce qui paroist, passe en
vn clin d'œil, mais ce qui est inuisible ne perd iamais sa durée. Au reste Dieu ne tardera pas à nous
secourir ; quoy que l'impatience des hommes trou-

ue son secours vn peu trop lent. Il nous assiste quelquefois d'autant plus efficacement, qu'il fait moins semblant de nous assister. Deuons-nous craindre le langage des hommes, la parole de Dieu faisant nostre apologie? ou apprehendons-nous plus le iugement des hommes, que la sentence de IE-SVS-CHRIST? Les meschans perissent eux-mesmes, en s'efforçant de nous perdre: & il n'y a point de meilleur moyen de conseruer nostre ame à son aise, que de la posseder par vne inuincible patience. L'infirmité ne nous affoiblit pas, à la bien prendre, mais elle nous fortifie. Et puis si nous endurons pour nostre Seigneur, nous sommes consolez en luy; & ceux qui ont part à sa Croix, en auront à sa Couronne.

XXV.    Quand elle se trouuoit accablée de tristesse, elle se consoloit en raisonnant ainsi : *Quoy faut-il qu'esperant en Dieu, ie me voye desesperée? ne faut-il pas perdre sa vie pour la sauuer? & renoncer à son ame, pour la trouuer en meilleur estat?* Dans la perte de ses biens, elle se representoit, qu'il ne sert de rien de conquerir tout le monde, si l'on perd le Paradis. Que puis qu'on entre dans la vie dans vn parfait denüement, on ne se doit pas soucier d'en sortir dans vn mesme estat. Dieu qui nous a fait des faueurs, nous les peut refuser quand il uy plaist. Le monde passant comme vn ombre, c'est vne

folie

folie de s'y attacher, comme s'il auoit de la folidité. Vn iour qu'on luy porta les nouuelles d'vne maladie de fon fils Toxotius, qui luy eftoit extremement cher, elle fe confola d'abord en fon affliction, en fe refouuenant qu'vne perfonne qui ayme plus fes enfans que IESVS-CHRIST, eft indigne d'vn tel Efpoux. En fuitte elle pria Dieu d'o-
fter la vie à fon fils, fi la mortification de la mere
luy eftoit plus agreable, que non pas fon foulagement. Ie cognois vn difcoureur extrauagant qui
luy dit vn iour par vn principe de bien-veillance
apparente, qu'elle deuoit moderer fa ferueur extraordinaire, puis que fes vertus la faifoient paffer
pour folle. Elle luy refpondit froidement, qu'elle
aymoit mieux feruir de fpectacle à Dieu, qu'à tous
les hommes du monde, & que la prudence du fiecle n'eftoit que folie aux yeux du Ciel ; qu'on auoit
appellé IESVS-CHRIST Samaritain, & creu
qu'il eftoit poffedé du Diable, mais qu'il ne laiffoit pas d'eftre le vray Sauueur, & le Seigneur de
l'Empyrée : qu'aprez tout la hayne des hommes
nous doit eftre indifferente, quand il s'agit de gaigner les bonnes graces de Dieu. C'eft ainfi que
fe muniffant toufiours d'vne armure furnaturelle,
elle fe mocquoit de toutes les attaques de la nature, & furmontoit l'enuie de fes ennemis par vne
infenfibilité genereufe. Elle ne manqua neant-

T

moins iamais de perſecutions, non plus que de patience; mais ſur le tout elle fut tourmentée par le
faux zele de quelques vns, qui neantmoins n'affligeoit que les ſuiets qui le fomentoient dans eux-
meſmes, & agiſſoit contre eux, au lieu d'incom-
moder celle qu'ils aſſailloient. Les enuieux ne ſont
iamais mieux punis que par l'enuie.

XXVI. Apres auoir parlé de l'inuincible patience de Paula, diſons vn mot de ſa liberalité magnifique. Elle baſtit quantité de Monaſteres à ſes
deſpens, pour loger des Anges viſibles parmy les
hommes. Elle y contribuoit des biens de la terre,
pour emporter toutes les poſſeſſions du Ciel; &
changeoit des richeſſes periſſables, auec de threſors qui deuoient touſiours durer. Il n'eſt pas neceſſaire de parler de l'ordre qu'elle obſeruoit en ſes
edifices, & comme ſeparant les perſonnes Reli-
gieuſes par diuers appartements, elle les aſſembloit
toutes pour loüer Dieu. Elles ſembloiét viure ſur la
terre de la meſme viande, dont on ſe nourrit dans
le Paradis, & eſtoient touſiours occupées, ou à
l'oraiſon, ou à vn trauail honneſte. Elles s'y portoient plus par exemple que par rigueur, & agiſ-
ſoient moins par contrainte, que par vne volonté
abandonnée à celle de noſtre Seigneur. Elles chan-
toient l'Office auecque tant de ferueur, qu'elles
ſembloiét aſſiſter à la Muſique de ces Eſprits bien-

heureux qui chantent autour de l'Agneau les loüanges de l'Agneau mesme. Quoy qu'il y eust dans cette assemblée des filles de haute extraction, il ne leur estoit pas permis d'auoir des suiuantes de leur maison, de peur qu'elles les fissent souuenir des deffauts de leur enfance dans la perfection de leur ieunesse. Comme elles n'auoient qu'vn mesme cœur, elles n'auoient qu'vne mesme mode d'habits. Elles ne se seruoient point de linge, que pour essuyer les mains, & pour tenir l'esprit dans sa force elles ostoient à leurs corps tous les suiets de delicatesse. Au reste, pour ne donner aucune occasion de parler à la mesdisance, qui blasme tousiours les Saincts, pour faire pecher les prophanes auec plus d'impunité, elles ne conuersoient pas mesme familierement auec ceux qui ne pouuoient pas estre suspects, ny d'impureté, ny de malice.

XXVII.    Ce bel ordre general estoit vn effect des soins particuliers de Paula, qui ne donnoit pas moins de preuues de sa prudence, que de sa pieté singuliere. Elle auoit tant d'adresse à gaigner les cœurs, qu'elle sembloit caresser en reprenant, & reprendre en caressant. Elle conduisoit par douceur, celles qui estoient d'vne humeur colere, & agissoit efficacement sur les naturels qui sembloient tenir de la lascheté. Comme el-

le ne laiſſoit point manquer les choſes neceſſaires aux perſonnes qu'elle gouuernoit, elle ne leur
en donnoit point de ſuperfluës. Elle ſçauoit bien,
que qui veut vn peu trop, veut auoir beaucoup:
Que l'auarice peut meſme ſe couler dans la pauureté, & que ce vice eſt d'vne nature qui ne ſe raſ-
ſaſie point, par ce qu'elle engloutit, qui deſire
touſiours plus de choſes qu'elle n'en poſſede en effect, & ne ſe contente iamais, ny de l'abondance,
ny de la diſette. Si quelquefois il arriuoit quelque
brouïllerie entre deux perſonnes, qui miſt de la
diuiſion dans des cœurs qui ne faiſoient qu'vn
meſme party, elle les accordoit incontinent par
des propos amiables, & leur different paſſoit preſque auſſi toſt qu'elle l'auoit reconneu. Elle redou-
bloit le ieuſne à celles qui reſſentoient les aiguillons de la chair, aymant mieux que l'eſtomach
leur fiſt mal, que non pas que leur ame fuſt malade. Si elle en voyoit quelqu'vne qui euſt trop de
ſoin de s'aiuſter, & qui par profeſſion ne deuant
plaire qu'au Createur, ſemblât encore vouloir
plaire aux creatures, elle la reprenoit tacitement,
par la ſeuerité de ſon viſage, & dans ſon indigna-
tion, luy faiſoit lire ſa faute. Elle adiouſtoit de
viue voix, qu'vn ſoin exceſſif de la propreté du
corps, eſtoit vne marque de la negligence & de
l'impureté d'vne ame, & qu'il ne falloit pas ſeule-

ment qu'vne Vierge ne dist aucune parole qui sem-
blast trahir son vœu auecque sa conscience, mais
encore qu'on deuoit monstrer au dehors, ce qu'on
estoit au dedans, & que les vices cachez estoient
d'ordinaire visibles dans l'apparence.

XXVIII.  Si parfois il s'en trouuoit de babil-
lardes ou de querelleuses, qui semblassent empirer
par la correction, elle les sequestroit de la compagnie des autres ; afin que la honte les releuast plus
viuement, que n'auoit fait la reprimende. Elle hayf-
soit le larcin comme vn sacrilege, & souloit dire, que
ce qui semble leger ou peu considerable dans les personnes du siecle, est quelquefois vn grand cas de
conscience, dans les personnes Religieuses. Que diray-ie de sa compassion charitable enuers les malades, qui se voyant si bien traittez, sembloient se
plaire en leur malheur : elle leur fournissoit de tout,
au lieu que quand elle estoit malade, elle se refusoit
toutes choses : & n'ayant que de l'indulgence pour
autruy, elle n'auoit que de la seuerité pour soy-
mesme.  Elle gardoit vne plus estroitte abstinence
dans sa vieillesse, que les autres dans la vigueur de
leurs ieunes ans, & la force de son esprit en sembloit
donner à la foiblesse de son corps. Elle n'auoit pas
seulemét de l'amour pour l'austerité, mais encore elle
estoit vn peu opiniastre à la prattiquer· & ne reiettoit
iamais les aduis d'autruy, que quand ils luy parloient

de moderer les rigueurs qu'elle exerçoit contre elle-
mefme. Vn iour qu'eftant releuée de maladie, les
Medecins luy ordonnerent de prendre vn peu de
vin, pour euiter la recheute & empefcher l'hydropi-
fie, ie fus prier fainct Epiphane, de l'y porter, ou
plutoft de l'y contraindre par fon authorité Pontifi-
cale. Et comme aprez qu'il fut forty ie luy demanday
ce qu'il auoit operé fur l'efprit de cette femme; il me
dit, qu'au lieu de la deftourner de fa premiere refo-
lution, il auoit quafi efté perfuadé luy-mefme de ne
plus boire de vin dans la caducité de fon âge, & que
l'aufterité de cette femme accufoit hautement la delicateffe des hommes. Or ie ne rapporte pas cecy
pour loüer l'indifcretion que l'Efcriture mefme condamne, mais pour faire voir l'ardeur de cette belle
ame, qui n'auoit de foif qu'apres Dieu. Il eft bien
difficile de garder la iufteffe conuenable en toutes
chofes : La mediocrité fait la vertu, ainfi que parlent
les Philofophes, comme le vice ne confifte que dans
l'excez : nous exprimons cette grande verité en deux
petits mots, difant, qu'il ne faut rien faire de
trop.

XXIX. Mais fi Paula fembloit eftre rude enuers foy-mefme, elle eftoit debonnaire enuers les
autres, & ne fe fouciant pas de viure, elle reffentoit
fort viuement la mort de fes proches, principalement
de fes enfans. Elle faillit à mourir, quand fon mary

& ſes filles decederent. Elle taſchoit bien d'appaiſer
ſa douleur, par la contemplation de la Croix de
Iesvs-Christ, & de ſe monſtrer fidele ſeruante
de Dieu, en s'oubliant d'eſtre mere : mais enfin l'affection l'emportoit ſur ſon courage ; & les entrailles
de la nature combattoient la cruauté de ſon ame ;
Ou bien nous pouuons dire qu'elle vainquoit en eſprit, & ſe laiſſoit neantmoins vaincre à la foibleſſe
du corps dans ces afflictions. Elle ne commençoit
point d'eſtre malade, que pour l'eſtre bien long-
temps, & ne finir ces langueurs, qu'auec la vie : les
maux ſembloient ſe plaire à regner touſiours dans
cette eſchole de patience : Cependant en luy cau-
ſant de la douleur, ils nous cauſoient beaucoup d'inquietudes ; nous auions peur de la perdre, mais elle n'auoit point peur de mourir. Elle ſouhaittoit
auec ſainct Paul, d'eſtre déliurée de la mort du corps,
pour iouyr de la vie de l'ame.

XXX.   Le Lecteur s'eſtonnera ſans doute, de
ce que ie meſle quelques defauts parmy les vertus de
Paula, & que ie fais enſemble ſa Cenſure, & ſon
Eloge. Mais Dieu, qu'elle a ſeruy & que ie pretends
ſeruir, me ſera fidele teſmoin que ie n'inuente rien
d'vn coſté ny d'autre, qu'en qualité de Chreſtien
ie dis la verité en parlant d'vne Chreſtienne ; & que
i'eſcris vne Hiſtoire, & non pas vn panegyrique. Ie
puis neantmoins aſſeurer que ſes fautes ſeroient les

vertus des autres , & que nous ne les appellons du
nom d'imperfection , que pour ce qu'elles nous ont
rauy deuant le temps, celle qui deuoit toufiours viure pour feruir d'exemple au monde. Mais elle eft
heureufe dans noftre infortune ; car ayant finy fa
courfe, elle iouyt maintenant d'vne couronne eternelle, & fuit l'Agneau dans fon Palais , aprez l'a-
uoir fuiuy dans l'eftable de Bethleem. Elle eft raf-
fafiée, pour ce qu'autres-fois elle a eu faim de la Iuftice. Que c'eft vn agreable changement, qui meta-
morphofe les maux en biens , & fait mieux goufter,
les vns par l'oppofition de l'amertume des autres?
Paula a pleuré, mais ç'a efté pour fe refiouyr toufiours : elle a quitté les cifternes du monde , pour
trouuer les fontaines du Sauueur. Elle a porté le cilice & la haire, pour porter la robe blanche deuant
l'efpoux : Dieu a rompu fon fac , pour la reueftir
d'vne pourpre d'allegreffe. Elle mangeoit la cendre
comme du pain, pour ne plus manger que le pain
des Anges : Elle deftrempoit fon breuuage de fes larmes, mais c'eftoit pour goufter les torrens de volupté, que la douceur de Dieu promet aux ames qu'il
ayme. Elle n'ignoroit pas que ceux qui font raffafiez
en ce monde, feront fameliques en l'autre, & qu'il
faut auoir foif en cette vie, pour n'en plus auoir dans
l'Eternité. Ceux qui font icy bas chargez d'oppro-
bres , feront là haut comblez d'vne gloire, dont ils

ne

ne pourroient supporter le poids, si Dieu mesme ne
fortifioit leurs puissances par vne ayde surnaturelle.

X.X.X.   Si sa patience & sa charité ont esté si es-
clatantes, sa foy n'a pas esté moins lumineuse. Elle a
paru d'autant plus visiblement, que c'est le seul œil
qui nous fait regarder sur la terre tous les secrets du
Paradis. Elle fuyoit les heretiques comme des pestes,
& ne mettoit point de difference entre eux & les infideles. En effect ceux qui mesprisent Dieu aprez l'a-
uoir cogneu, ne sont pas moins coupables, que
ceux qui ne le veulent pas cognoistre. I'apporteray
icy vn exemple de son affection singuliere enuers
nostre Religion, qui fera voir ensemble sa prudence & son zele extraordinaire.   Vn Fourbe qui se
croyoit aussi habile, qu'il estoit ignorant au iugement des autres, vint vn iour à mon desceu luy proposer certaines questions aussi inutiles que dange-
reuses. Quel peché pouuoit auoir commis vn petit
enfant, pour estre possedé du Diable, comme il arriuoit quelquefois, & pour commencer son enfer dés
cette vie. En quel âge nous deuós ressusciter quelque
iour, si c'est au mesme que nous mourons, plusieurs
auront autant besoin de nourrice aprez la mort que
durant la vie: que si c'est en vne autre constitution
qu'on n'auoit pas auparauant, ce ne sera pas tant vne
resurrection, comme vne metamorphose, ou vne
transformation de Pythagore, S'il y aura diuersité de

V

sexe aprez cette vie, comme nous y en remaquons tant qu'elle dure. S'il y en a, qu'il faudra par consequent qu'il y ait des nopces & des generations succeſſiues ; s'il n'y en a pas, que la diuerſité des ſexes eſtant oſtée, ce ne ſeront plus les meſmes corps, qui reprendront l'exiſtence, & que la matiere ne ſeruant que de charge à l'eſprit, les corps ſeront purement ſpirituels. De ces propoſitions il vouloit recueillir que les ames raiſonnables n'eſtoient pas venües dans les corps pour les informer, mais plutoſt pour y eſtre punies de quelques crimes qu'elles auoient autrefois commis; & que ſuyuant la difference & la qualité inégale de leurs pechez, elles eſtoient miſes dans des corps ſains ou malades, & en des lieux où elles trou-uent de la pauureté ou des richeſſes. Mais qu'en-fin ce que nous appellions vne partie de nous-meſ-mes, n'eſtoit proprement que leur priſon & leur mort.

XXXII. Elle ouyt tous ces diſcours pour m'en faire le rapport, & ſouffrit aſſez long temps l'impudence de cet homme pour décrier ſes erreurs. Comme i'en fus auerty, ie creus eſtre de mon de-uoir de chaſtier ces *beſtes de plume*, dont parle le Prophete Roy, qui n'eſcriuant qu'en faueur de l'i-niquité, portent faux teſmoignage contre Dieu meſ-me, & ne ſemblent auoir de bouche, que pour cra-cher contre le Ciel. Ie fus donc trouuer cet Impo-

steur, à la follicitation de celle qu'il croyoit feduire,
& refpondis fuccinctement à fes inftances, en luy faifant de briefues interrogations.  Ie luy demanday
donc s'il croyoit la Refurrection des morts, ou s'il la
prenoit plutoft pour vne fable, que pour vn article
de foy. M'ayant dit qu'il la croyoit, ie le preffay de
me dire, fi les mefmes corps reffufciteroient, ou bien
d'autres compofez.  Il m'auoüa que ce feroient les
mefmes corps. Ie pourfuiuis à m'informer, fi nous
reffufciterions en mefme fexe, ou en vn autre tout
different, il commença à chanceler fur ce poinct, & à
fe remuer de toutes parts, comme vne couleuure qui
efcarte fa tefte, de crainte que quelqu'vn la frappe.
Lors ie luy dy, que puis qu'il ne me pouuoit pas ref-
pondre, ie me fatisferois à moy mefme, pour de-
ftruire fa malice & fon ignorance, en faifant femblant de la feconder.  I'auançay donc, que fi la femme ne reffufcite pas comme femme, ny l'homme
comme homme, il n'y aura point de refurrection:
veu que chaque fexe a des membres, & que ce font
les membres qui font les corps.  Que s'il n'y a point
ny de fexe ny de membres, les corps ne fçauroient
reffufciter, veu qu'ils doiuent eftre compofez de fexe & de membres : que fi les corps ne doiuent pas
reffufciter, il n'y aura point de refurrection des morts.

XXXIII.   Pour ce que vous adiouftez des
nopces; vous doutez d'vne chofe, que la Verité mef-

me a determinée. IESVS-CHRIST dit, qu'aprés
la resurrection, il n'y aura point de femmes qui
soient espousées, ny d'hommes qui espousent des
femmes, pource qu'il veut estre lors l'vnique Epoux
de nos ames, & nous rendre semblables à la pureté
des Intelligences.　Or quand il dit que les hommes
ny les femmes ne se marieront point, il marque la
diuersité des sexes, quoy qu'il en oste l'alliance aprés
cette vie. En effect on ne dit pas ny du bois ny d'vne
pierre qu'ils ne se marieront point, mais seulement
de ces suiets, qui pouuant se marier, ne le feront
pourtant pas, par vne grace speciale de Dieu. Que si
vous me repliquez que cela estant, nous ne serons
pas semblables aux Anges, veu qu'il n'y a point d'in-
egalité de sexe entre eux, quoy qu'il y en ait d'espece.
Mais ie vous responds que Dieu ne nous promet pas
de nous donner la propre substance de ces Esprits,
mais seulement leur conuersation, & vne beatitude
aussi durable que la leur.　C'est ainsi que mesme dés
cette vie, sainct Iean, tout homme qu'il estoit, fut
appellé l'Ange de Dieu.　C'est ainsi que les autres
Saincts, & principalement les Vierges, ont tousiours passé pour de purs esprits, en vn lieu mesme
où leurs corps sembloient affaisser leurs ames. Lors
donc que Dieu nous promet de nous donner la res-
em blance des Anges, il ne veut pas changer nostre nature, mais plutost la perfectionner : autre-

ment, comment entendez-vous ce que l'Escriture
dit, que sainct Thomas toucha les mains de noftre
Seigneur, lors qu'il n'eftoit plus fubiet aux impreffions des fens, & qu'il vit mefme vne playe au cofté
d'vn corps impaffible? Et sainct Pierre ne les vit-il
pas debout fur la riue, & mangeant la moitié d'vn
poiffon, & vn peu d'vn gafteau de miel? Celuy qui
eftoit debout, auoit fans doute des pieds. Celuy qui
monftroit fon cofté ouuert, auoit vn ventre ou vne
poitrine, veu que ce font les patties qui vniffent les
deux coftez. Celuy qui parloit deuoit auoir vne langue, vn palais & des dents : car comme vn luth eftant
pincé refonne auec harmonie : ainfi l'air eftant pouffé
contre les dents par la langue, fe change en voix. Au
refte, celuy qui auoit des mains, deuoit auoir necef-
fairement des bras. Puis donc qu'il a eu tous fes
membres, il faut qu'il ait eu tout le corps, & au mefme fexe qu'il l'auoit deuant que de mourir.

XXXIV. Que fi vous m'obieĉtez encore,
qu'à ce conte nous aurons befoin d'aliment apres la
refurrection; que fi IESVS-CHRIST a vn corps fo-
lide, comment eft-il entré dans le Cenacle, les portes eftant fermées, fans perdre fa quantité, ou deftrui-
re celle du lieu? Mais que ces difficultez ne vous em-
péchét pas de croire la refurrection, veu qu'elles font
fort aifées à refoudre. Noftre Seigneur fift donner à
manger à la fille de la Synagogue qu'il auoit reffu-

scitée; & le Lazare se trouua en vn festin auec luy,
pour monstrer que ce n'estoit pas là vn phantosme
qui paroissoit, mais plutost, qu'il estoit veritablemét ressuscité. Que si IESVS-CHRIST auoit vn corps
d'air & tout spirituel aprez sa resurrection , pour
ce qu'il entra en vn lieu les portes estant fermées,
il faut donc dire, que deuant que de mourir, son
corps auoit la mesme qualité, veu qu'il marchoit
sur les eaux sans s'enfoncer ,  comme sur la terre
ferme. Il faut dire aussi, que sainct Pierre n'a esté
qu'vn pur esprit, veu qu'il a pareillement marché
sur les eaux. Mais persuadons-nous que Dieu ne
laisse faire aucune chose contre l'ordre de la Nature, que pour faire monstre de sa puissance, en ay-
dant la foiblesse des creatures. Et afin que vous ne
doutiez point, que dans la grandeur de ces miracles, il ne faut pas tant regarder le changement des
causes secondes, que la force de la premiere: S. Pierre qui marchoit par la foy sur les eaux, commença
de couler à fonds par le poids de son infidelité. Enfin puis que nostre Seigneur nous a asseurez, que
tout glorieux qu'il est, il a des pieds & des mains, &
que c'est luy-mesme qui a paty, & qui ne peut plus
patir : qu'enfin vn esprit n'a point de chair ny d'os
comme luy; qui doutera qu'il n'ait des membres
materiels, sinon celuy qui n'aura point ny de raison ny de foy? Deuez-vous faire plus d'estat des res-

ueries des Stoïques, que des declarations de la verité, & preferez-vous le texte de Platon, à celuy de
l'Escriture?

XXXV.    Quant à la question que vous m'a-
riez proposée de la possession des enfans, qui semblent estre plutost au Prince des tenebres, qu'ils
n'ont semblé voir le iour, & de l'âge où nous ressu-
sciterons tous, quoy que nous mourions en diuers
temps : Ie vous diray premierement, que puis que
les iugemens de Dieu sont de grands abysmes,
c'est à nous vne folie de les sonder.  Sçachez que
les richesses de la Sagesse & de la Science de Dieu
sont inepuisables ; & que, comme personne n'a
esté de son Conseil, personne ne peut sçauoir la
determination de ses iugemens.  Mais pour dire
encore vn mot sur cette matiere, figurez - vous
que la diuersité des âges ne change aucunement la
verité des corps : autrement, puis qu'ils se chan-
gent tous les iours, ou par accroissement, ou par
diminution, nous ferions successiuement diuerses
personnes, si nous estions de nouueaux hommes,
quand nous auons de nouuelles années. Ie serois
autre en substance en ma vieillesse, que ie n'ay pas
esté en mon enfance.  Or cela ne chocque pas seulement la Philosophie, mais encore le sens commun.  Croyons donc plutost, suiuant la tradition
de l'Eglise, & le tesmoignage de l'Apostre, que

nous reſſuſciterons en l'âge d'vne conſtitution
parfaitement virile, auquel noſtre Seigneur eſt
reſſuſcité, & Adam fut produit à l'opinion meſme des Iuifs. C'eſt ainſi que ie fermay la bouche à
cet heretique, auec autant de honte pour l'erreur,
que de gloire pour la foy. Depuis ce temps là noſtre
Saincte le hayſſoit tellement, auec tous ceux de
ſa ſecte, qu'elle ne faiſoit point de difficulté de les
appeller publiquement les ennemis de noſtre Seigneur, auſſi bien que les ſeducteurs des hommes.
Or i'ay voulu rapporter cecy, non pas tant pour
refuter en peu de mots vne hereſie, à qui il faudroit reſpondre en pluſieurs volumes, que pour
monſtrer la foy de cette Dame, qui aymoit
mieux encourir l'inimitié perpetuelle des hommes, que d'eſtre bien auec eux, eſtant mal auec
que Dieu.

XXXVI. Mais finiſſons par ſes vertus, puis
que nous auons commencé par là : Elle eſtoit
doüée d'vn tres-excellent eſprit, mais extremement docile. Elle eſtoit auſſi tardiue à parler, que
prompte à ouyr les autres : elle ſçauoit par cœur la
faincte Eſcriture, & on pouuoit veritablement
nommer ſa memoire, la Bibliotheque de Dieu.
Elle aymoit bien l'hiſtoire des ſainctes Lettres,
qu'elle appelloit le fondement de la verité, neantmoins elle s'arreſtoit plus au ſens caché, qu'aux

eucne-

euenemens, & employoit plutoſt la lecture à l'e-
dification de ſon ame, qu'à vne curioſité, meſme
ſpirituelle. Elle m'obligea de luy expliquer auſſi
bien qu'à ſa fille, le vieux & le nouueau Teſta-
ment, & de leur enſeigner ce que i'auois appris
moy-meſme, non pas d'vne vaine preſomption,
car c'eſt vn mauuais maiſtre, mais des plus grands
perſonnages de l'Egliſe. Ie le fis auecque ſoin, & de-
meuray rauy de voir la ſubtilité de ſon eſprit iointe
à vne parfaite deference. I'adiouſteray vne autre
choſe, qui ſemblera peut-eſtre auſſi difficile à croire, qu'elle a eſté aiſée à faire à la ſaincte dont
ie parle. Tout le monde ſçait la peine qu'il y a à apprendre la langue Hebraique, & vous diriez que
comme elle nous a deueloppé la pluſpart de nos
myſteres, elle eſt deuenüe myſterieuſe elle-meſme.
Pour moy i'auoüe, que de maieuneſſe i'y ay employé beaucoup de temps, & que ie n'en ſçay encore qu'vne partie. Ie n'en quitte iamais l'eſtude,
afin que la connoiſſance ne m'en abandonne
point. Paula l'apprit neantmoins dans la perfection, & à luy ouyr chanter les Pſeaumes, vous
l'euſſiez plutoſt priſe pour vne Iudith, que pour
vne veſue de Rome.

XXXVII. Sa fille Euſtochium imitant toutes les vertus de ſa mere, égale auſſi ſon ſçauoir.
Comme elle ne s'eſt iamais eſloignée de noſtre

Saincte durant sa vie, elle suit ses traces apres sa
mort. Tant que Paula a vescu, Euftochium a mis
toutes ses richesses, & son heritage à luy plaire:
elle met à present toute sa diligence à luy ressem-
bler. Ie ne dois pas omettre icy la ioye qu'eut cette Dame, quand elle apprit que la petite Paula
commençoit à chanter les loüanges de Dieu, mefme dés le berceau, & donnoit tous les presages
qu'elle pouuoit desirer, d'vne vie semblable à celle de son ayeulle. C'est pourquoy cette grande Dame ne regrettoit sa patrie, que pour voir son fils,
sa bru, & sa niepce hors du siecle. Mais comme ses
desirs estoient iustes, ils ont eu presque tous leur
effect.   Car sa niepce est des-ja promise à I E S V S-
C H R I S T, & sa bru ayant fait vœu de continence perpetuelle, seconde par ses aumosnes & par sa
foy, les œuures de sa belle mere, & tasche de representer à Rome, ce qu'vne autre a fait en Hierusalem. Vous diriez qu'il ne naist pas des filles dans
la maison de Paula, mais des Sainctes acheuées.

   X X X V I I I.   Mais que fais-tu, mon ame?
pourquoy crains-tu de representer sa mort, veu
que ce n'est qu'vn passage à la vie bien-heureuse?
Ce discours est des-ia fort long, & neantmoins
nous semblons n'en vouloir point voir la fin. Nous
apprehendons d'y mettre la conclusion, comme
si le trespas de Paula pouuoit estre differé, pource

que nous n'en parlons pas, & que nous aymerions
mieux faire son Eloge, que son oraison funebre.
Iusquesicy nous auions vogué à souhait, maintenant il faut couler sur vn escueil ; nous auions le
vent en po_poupe, mais il nous faut souffrir vn naufrage necessaire. Nous perissons auecque Paula.
En effect, qui peut sans mourir de douleur, la voir
au lict de la mort? Elle tomba en vne griefue maladie, ou plutost elle trouua le moyen qu'elle recher-
choit pour nous quitter, afin de s'vnir plus estroit-
tement à Dieu.  Le respect & la charité d'Eustochium enuers vne si bonne mere ayant tousiours
esté visibles, donnerent sur la fin des preuues plus
manifestes de leur ferueur. Cette fille estoit tousiours au cheuet d'vne si bonne mere, elle moderoit
sa chaleur, luy soustenoit la teste, luy donnoit à
manger, luy faisoit le lict, & preuenoit toutes les
seruantes de la maison, afin que rien ne manquast
à cette seruante de Dieu. Elle tenoit tout ce que
les autres pouuoient faire, pour vne partie defal-
quée à sa recompence. Combien de fois a elle pleuré deuant saincte Paula, & en son absence deuant
la grotte de IESVS-CHRIST, pour obtenir de
luy, de n'estre point priuée d'vne si bonne compagnie, de ne pas viure en son absence, & d'estre
enseuelie à mesme temps & en mesme lieu? Mais
que la nature des hommes est fresle, que nous se-

rions malheureux sur la terre, si la foy de IESVS-CHRIST ne nous elleuoit au Ciel? Nos corps semblent estre d'vne mesme condition que ceux des autres animaux. Nous sommes immortels d'vn costé, & perissables de l'autre : le iuste decede ainsi que l'impie; & on a bien raison d'appeller la mort aueugle, puis qu'elle ne met point de difference entre les bons & les meschans. Mais que sert-il de s'arrester si long temps par vne suspension affectée; c'est prolonger sa douleur, que de differer à la dire.

XXXIX.    Paula sentit bien tost, suiuant sa prudence ordinaire, que son heure s'approchoit; veu qu'il n'y auoit que la ferueur de son ame qui pût encore donner de la chaleur à son corps. Cependant vous eussiez dit, qu'elle alloit en vn pays où elle auoit tousiours esté, & qu'elle ne quittoit pas, mais reprenoit sa compagnie. Elle croyoit abandonner vn peuple estranger, pour entrer dans sa patrie. Elle disoit en soy-mesme, qu'enfin elle verroit dans la gloire, celuy qu'elle auoit veu dans la creche; & qu'apres auoir visité tous les Saincts lieux, elle verroit la celeste Hierusalem. Il faudroit auoir participé à ses exstases, pour en publier tous les mysteres : tant y a que comme ie luy demandois si le mal qu'elle sentoit estoit la cause de son silence exterieur, elle me respondit, qu'elle estoit fort satisfaite dans sa douleur, & qu'elle trouuoit vn parfait repos dans ce peu de temps qui luy en alloit donner vn autre pour toute l'Eternité. Aprez de semblables discours, elle ferma les yeux, comme estant des-ia lasse de voir les choses de la terre, & faisant mille oraisons iaculatoires, elle s'efforçoit d'enuoyer son ame au Ciel coniointement auec ses prieres. Elle faisoit le signe de la croix auec la main sur sa bouche, pour parler par exemple, ne pouuant plus parler de viue voix ; & voulant que la Croix, qui auoit esté l'enseigne de sa vie, fut aussi le sceau de sa mort. Elle estoit preste à rendre l'esprit, & l'air qu'elle receuoit dans son poulmon, en sortoit comme à regret, lors que dans l'agonie mesme elle chantoit les loüanges de Dieu, & conuertissoit ses dernieres plaintes en des Cantiques de ioye. Vous eussiez veu autour de son lict quantité de grands Prelats accourus auecque tout le Clergé, pour voir la mort de celle, dont la vie auoit esté vn spectacle au monde, aux Anges & aux hommes. Toutes les Familles Religieuses y auoient enuoyé leurs enfans, pour assister au testament de leur mere, mais principalement les Vierges, deuant bien tost perdre de veuë leur exemplaire, sembloient mourir auant Paula. Enfin comme l'Epoux celeste vint l'appeller, elle le suiuit amoureusement, & rendit l'ame entre les

mains d'vn Iuge qui l'auoit toufiours aymeé,
& qu'elle auoit toufiours chery, comme fon
efpoux.

X L.   Cette mort eftoit trop heureufe, pour
exciter d'autres larmes que de ioye. Au lieu de dire l'Office des Morts, on ne fit que chanter des
Pfeaumes de triomphe.  Les Euefques mefmes
s'eftimerent honorez de la porter dans fon tombeau, & creurent receuoir vn nouueau caractere
de fainéteté, en touchant vn corps fi fainét. Les
autres Prelats portoient des cierges en proceffion,
iufques dans l'Eglife de la Creche de IESVS-
CHRIST, où l'on enfeuelit Paula, afin qu'elle
attendift la refurrection, où la Vie mefme eftoit
née. Toute la Paleftine fembloit eftre ramaffée en
ce feul lieu; & vne grotte eftoit plus peuplée, que
les meilleures villes de la Prouince. Les Hermites
quitterent pour vn temps leur folitude, pour contempler ce fepulchre.  Les Vierges parurent en
public, pour voir vn threfor fi particulier. Enfin
on eftimoit facrilege, celuy qui ne rendoit pas
quelque deuoir à cet illuftre tombeau. Les Vefues
faifoient mo nftre des habits qu'elle leur auoit laiffez, comme du plus riche depoft qu'elles euffent
entre leurs mains. Tous les pauures s'efcrioent
qu'ils auoient perdu leur mere nourrice, & fembloient fe deuoir defefperer, s'ils n'euffent fceu

d'ailleurs que Paula ayant esté receuë dans les tabernacles eternels, ne manqueroit pas à pouruoir
tous ses enfans de commoditez temporelles.

XLI.   Ce qui estoit admirable, dans toutes
ces ceremonies est, que la palleur de la mort n'a-
uoit aucunement changé le visage de Paula ; sa
face estoit encore si pleine de grandeur & de maiesté, que vous ne l'eussiez pas prise pour morte, mais
seulement pour vne personne endormie. Au reste
on fist diuerses fois ses funerailles, quoy qu'elle
n'eust expiré qu'vne seule fois. Chacun luy voulant rendre ces honneurs en particulier, personne ne se pouuoit contenter de ceux qu'on venoit de luy rendre en general ; mais sa fille principalement ayant esté plus attachée à sa personne
que les autres, ne se pouuoit separer de son cer-
cueil. Elle baisoit les yeux de sa mere, quoy que
ces yeux fussent sans rayons ; elle embrassoit ar-
demment son corps, quoy que la froideur se fust
coulee par tous ses membres. Elle demandoit d'e-
stre enseuelie auec elle, bien qu'elle vescust encore.
Tous sçauent bien que saincte Paula ne luy laissa,
pour toute succession qu'vne infinité de debtes à
acquiter, & le soin d'vne multitude innóbrable de
personnes Religieuses, qu'il est bien difficile d'entretenir, & qu'on ne peut delaisser sans impieté.
Or y a-il rien de plus merueilleux que cette vertu

de voir qu'vne Dame, qui n'eſtoit pas moins conſiderable par ſon ſang que par ſes richeſſes, ait dóné
tous ſes biens d'vne foy ſi abondante, qu'elle ſoit
preſque tombée dans la derniere neceſſité. Que les
autres vantent tant qu'ils voudront l'argent qu'ils
donnent aux Egliſes, & ces lampes dorées qui reluiſent deuant l'autel ; pour moy i'eſtime que perſonne n'a peu donner dauantage à Dieu & à ſes
pauures, que celle qui ne s'eſt rien reſerué pour elle-meſme. Maintenant elle iouyt des richeſſes qui
ne la quitteront iamais, & qui luy font trouuer
vne abondance ſans diſette, & des plaiſirs ſans
amertume. C'eſt nous qui pleurons noſtre infortune pendant qu'elle ſe reſiouyt, & qui ſemble-
rions porter enuie à ſa gloire, ſi nous deplorions
plus long temps la mort de celle qui regne dans
l'Empyree. Conſolez-vous, Euſtochium, dans
voſtre dueil, ſçachant que voſtre mere eſt ſortie
de miſere pour iamais, & croyez qu'elle vous a
pourueuë d'vn bon heritage, puis que Dieu meſme eſt la portion de vos biens. Vous deuez triompher d'aiſe, voyant que ſaincte Paula eſt couron-
née là haut, aprez auoir icy porté la Couronne
du martyre. La foy ne ſe proutie pas ſeulement par
l'effuſion du ſang ; mais encore le ſeruice qu'on
rend à Dieu dans la pureté de l'eſprit, eſt vn martyre iournalier. Il n'y a que cette difference, que la
couronne

couronne de quelques Martyrs eſt tiſſuë de roſes &
de violettes, & celle des autres eſt compoſée de lys.
C'eſt pour cela que l'Eſpoux s'appelle blanc & ver-
meil, & qu'on dit qu'il donne le meſme prix aux
perſonnes qui vainquent dans la paix, qu'à celles qui
triomphent dans la guerre. Voſtre mere a eu le courage de ſortir de ſa terre, pour entrer dans celle de
IESVS-CHRIST. Elle n'a point ſouſpiré aprez
l'Egypte, aprez auoir veu le pays de promiſſion. El-
lea mieux aymé eſtre Maiſtreſſe des Vierges, que de
s'aſſuiettir à vn ſecond mariage. Elle s'eſt renduë
bourgeoiſe de la villette du Sauueur, ayant quitté
Rome pour Bethleem, & Bethleem pour le Royaume du Ciel.

    XLII.    I'ay fait ce petit Liure, ma chere fille en
IESVS-CHRIST, dans le meſme regret que vous
auez, & ie croy que ſi Dieu ne m'euſt defendu de
mourir, ie ſerois muet pour iamais, au lieu de loüer
comme ie fais, ſaincte Paula. Car il faut que ie vous
auoüe, qu'autant de fois que i'ay voulu prendre la
plume pour vous conſoler, elle m'eſt ſoudain tombée des mains, & l'ame m'a ſemblé abandonner, auſſi bien que l'eſprit. La negligence de mon diſcours,
& la rudeſſe de mon ſtyle, monſtrent aſſez, que i'ay
plutoſt eſcrit dans la violence, que dans la iuſteſſe: &
que ie n'ay peu apporter beaucoup de fleurs, où ie
voyois vn ſi funeſte Cyprez. Cependant i'ay cette

                                  Y

confiance que Paula eſtant deuant Dieu , ne s'oubliera pas de moy , &  m'aydera par ſes prieres, voyant que ie publie ſa gloire par mes diſcours. Eſtant vnie à preſent indiuiſiblement à Dieu, il n'y a rien qu'elle ne puiſſe obtenir , que ce qu'elle ne voudra pas demander. I'ay fait ſon Epitaphe, auſſi bien que ſon Eloge, & ie ne feray point de difficulté de le mettre icy, pour apprendre à tout le monde, que cette Dame a eſté plus honorée de mourir prez de la Creche de I E S V S-C H R I S T, que ſi elle fuſt decedée dans la capitale de l'Vniuers.

*Cy giſt Paula , dont tous les tiltres conſiſtent principalement dans ſa vertu perſonelle, & dans le meſpris qu'elle a fait de toutes ſes qualitez. Elle deſcendoit en droite ligne des Scipions, des Pauls , des Gracques, & meſme d' Agamemnon; mais on la doit plus eſtimer pour auoir eſté mere d' Euſtochium, que pour auoir eſté fille de ces grands hommes. C'eſt la premiere Dame, qui a appris aux grands de Rome, à quitter les richeſſes , pour ſuiure la pauureté de I E S V S-C H R I S T, & n'aymer aucun lieu du monde, que Bethleem. Ce petit tombeau que tu vois cache vn ſi grand depoſt. Le Corps eſt ſous cette pierre, mais l'ame eſt dans le Ciel. Il n'y a point*

icy de superbe monument, pour ce que Paula
ne s'estant rien reserué pendant sa vie, n'auoit
garde de reseruer quelque chose aprez sa mort.
Mais souuienne toy, passant, qu'elle ne pouuoit
mourir plus heureusement, qu'en vn lieu où la
vie estoit née; ny offrir son ame au Sauueur auec
plus de magnificence, qu'au mesme endroit, où
les Mages luy auoient offert leurs presens &
Couronnes. Celles qui veulent auoir vne semblable fin à la sienne, doiuent commecer à viure,
comme elle a fait, & renoncer à toutes les vanitez, pour trouuer la vraye gloire.

# ARGVMENT.

*Voy que les Dames ayent plus d'inclination à la pieté que les hommes, elles ont neant- moins plus besoin d'instruction que nous, pour ce qu'ordinairement elles ont plus de foiblesse, quoy qu'elles ayent moins d'insensibilité. Les Sainsts qui ont gouuerné la conscience des Sainstes, ne se sont iamais asseurez absolument sur la perfection qu'elles auoient acquise, & leur ont toufiours donné de nouuelles lumieres pour les faire adonner à de nouuelles vertus. Ils ne se sont pas mesme contentez qu'elles fussent irreprocha- bles en leur vie, ils ont voulu que leur famille mesme se sen- tist de leur probité, & qu'il n'hahitast point de défauts dans la maison de ces Graces. C'est ainsi que sainst Hie- rosme enseigne à Læta, la façon de bien esleuer sa fille, & de dresser vn beau temple à la vertu, non seulement dans son ame, mais encore dans son image. Pour entendre le fonds de ce suiet, il faut se souuenir de celuy du discours precedent, & dans l'Eloge de Paula trouuer le fondement de ce qu'on dit icy à Læta. Paula donc auoit eu entre ses au- tres enfans Toxotius, qui estant vn des plus grands Sei- gneurs de Rome, fut marié à Læta, qui n'estoit pas moins* considerable pour ses qualitez personelles, que pour la grandeur de son extraction. De cette heureuse alliance nasquit la ieune Paula, qui portant le nom de son ayeule, sembloit aussi tenir de ses plus parfaites inclinations. Vous eussiez dit que, comme elle auoit esté destinée & consacrée par auance à vne continence virginale, par vne saincte : Elle n'estoit née que pour la saincteté mesme. Et comme sainct Hierosme s'interessoit grandement dans l'auancement spirituel de toute cette famille, il ennoya cette lettre à Læta, pour luy donner vn parfaict caractere d'vne honneste fille, en escriuant par honneur à vne Dame. Or pour la disposer à receuoir plus volontiers tous ses auertissemens, il luy donne des louanges. Il admire dautant plus sa foy, qu'elle vient d'vn pere infidele. Il la console en suite sur l'esperance de la conuersion de son pere ; & luy monstre que, comme la penitence n'est iamais trop prompte, elle n'est iamais trop tardiue. De ces ouertures il vient à faire sa proposition, & parle de la fecondité de la mere, deuant que de parler des fruicts spirituels, qu'on doit attendre de sa fille. Il monstre que Paula n'estant née que par vn priuilege extraordinaire de la grace, elle ne peut mener qu'vne vie extraordinaire. Pour voir les effects de ces beaux presages, il auertit Læta de former les mœurs de sa fille, apres auoir formé ses membres auec tant de proportion, & de ne laisser rien de prophane en vn suiet qui doit estre le Temple du Dieu viuant. Il regle la conuersation de Paula apres auoir reglé ses discours, & la rénd vn peu solitaire pour la rendre plus

asseurée. Il donne en suite vne methode facile pour luy polir l'esprit sans la rebuter, & pour luy faire trouuer des
douceurs dans les espines mesmes des estudes.  Outre
cela il declare que les mœurs d'vne fille dependent absolument de la volonté de sa mere, & qu'elle peut former son
interieur aussi facilement que sa figure exterieure. Là dessus il aduertit Læta de ne porter pas sa fille au luxe, sous
pretexte de la rendre agreable au monde, & authorise
sa deffence par vn exemple espouuentable. Il proteste qu'il
ne veut pas brauer les personnes malheureuses, mais qu'il
ne veut pas aussi laisser celles qui sont heureuses dans le
danger de quelque grande infortune.  De l'institution de
l'enfance, il passe à celle de la ieunesse, & veut que Paula ne croisse pas tant en âge qu'en perfection. Il entend que
sitost qu'elle reconnoistra son estre, elle soit tout à faict à
Dieu. Il luy recommande l'oraison & la temperance, l'estude & la mortification; il luy deffend d'estre curieuse &
negligente; pour luy oster toute enuie de faire du mal, il luy
oste les occasions, mesme les plus esloignées. Il luy ordonne
de trauailler des mains aussi bien que de l'esprit, & d'employer tout le temps pour l'eternité. Il luy persuade encore
le mespris des ornemens que les Coquetes ont accoustumé de
priser, & de considerer plus les yeux de Dieu, que non
pas la veuë des hommes. Enfin il declare à Læta, que si
elle ne peut pas instruire sa fille à Rome de la façon qui
luy mande, elle l'enuoye pour cet effet en Bethleem. Il promet d'estre son maistre spirituel, si la mere refuse d'en estre

la maiſtreſſe. Ie n'ignore pas que cette lettre appartient
auſſi bien aux Filles, qu'aux Dames. Mais neantmoins
ie l'oſte à la Bibliotheque des filles pour la donner à celle
des Dames, à qui elle a eſté premierement addreſſee. Ie
n'offence pas l'honneſte Fille en donnant des moyens à ſa
mere de l'eſleuer au plus haut poinct de l'honneur.

# LETTRE
## DE
## S. HIEROSME
## A LÆTA.

### SVR L'EDVCATION DE SA FILLE.

**M**ADAME,

I. L'Apostre saint Paul escriuant aux Corinthiens, touchant la discipline de l'Eglise, leur donne pour maxime, qu'vne femme Chrestienne qui est mariée à vn Payen, ne doit pas se separer de luy, apres que Dieu mesme les a vnis. La raison qu'il en apporte est, que cet homme, quoy qu'infidelle, est sanctifié par la foy d'vne moitié de luy-mesme ; comme vne femme

me infidele peut estre sanctifiée par la seule foy d'vn
homme : autrement il s'ensuiuroit de là que leurs
enfans tiendroient necessairement de l'impureté, au
lieu qu'ils sont exempts de souilleure. Or si cet ordre
de sainct Paul n'a pas esté bien obserué durant vn
temps, c'est dans la maison de vostre pere qu'il semble estre dans sa vigueur. Nous y voyons vn homme qui marche dans les tenebres, & vne femme illuminée des clattez de la verité. Vous estes vn fruict
dont la douceur contrepese l'amertume de sa racine,
& vn baume qui vient d'vn arbre gasté. Vous estes
née d'vn mariage inégal, & la petite Paula a receu le
iour d'vne parfaicte alliance qui vous a vnie à Toxo-
tiús. Vous auez donné la foy à vostre fille, que vous
n'auiez pas receuë de vostre pere. Qui eust creu que
la niepce d'vn Pontife Payen fût esleuée suiuant la
promesse d'vn sainct Martyr, que son ayeul dans
l'erreur de la Gentilité, luy vit prononcer les loüanges de nostre Seigneur, par vn agreable begayement,
& que ce vieillard infidele eleuât ainsi vne Vierge
du Christianisme ?

II.   Nous trouuons donc que les effects ont sur-
passé nostre attente. Vostre pere quelque incredule
qu'il soit, est des-ia Catechumene, veu qu'il est en-
touré d'vne multitude d'enfans qui croyent en Dieu.
Qu'on ne die pas que i'vse d'hyperbole quand ie dy
simplemét la verité. Ie croy que Iuppiter mesme eust

cru en Dieu, s'il euſt eu vne famille, & vne alliance comme la voſtre. Ie ſçay bien qu'il ſe moquera de ma lettre, au lieu de loüer mon zele, & qu'il m'appellera fol, pour ce que ie l'appelle infidelle. Mais qu'il die ce qu'il voudra, il n'auancera rien qui n'ait eſté dit de ſon gendre, qui m'a d'autant plus aymé depuis ſa conuerſion, qu'il m'auoit hay dans ſon erreur. Apres tout, nous ne naiſſons pas Chreſtiens, mais nous deuenons tels par l'entrée qu'on nous donne dans l'Egliſe. Le Capitole où Rome auoit enfermé ſes plus precieuſes diuinitez, eſt maintenant remply d'ordure: on voit maintenant des araignes, où l'on voyoit des Idoles. La Ville a ſemblé changer de place depuis qu'elle a changé de Religion. On voit le peuple qui court à foule aux ſepulchres des Martyrs pour trouuer des remedes à ſa vie parmy les tombes des morts. Ceux donc qui ne ſe rendent pas à la prudence pour embraſſer la verité, ſe doiuent pour le moins rendre à la honte. Ils ne peuuent pas aller contre les ſentimens de tout le monde ſans choquer le ſens commun.

III. I'ay dit cecy, Madame, pour vous apprendre, que vous ne deuez pas deſeſperer du ſalut de voſtre pere, quoy qu'apparément, vous n'en puiſſiez auoir aucune eſperance. Comme par la foy vous auez merité d'auoir vne fille, vous pouuez meriter d'auoir vn pere Chreſtien, & de voir le chef de voſtre famille, aussi sainct que tous ses membres. Vous n'ignorez pas que ce qui est impossible aux hommes, n'est pas difficile à Dieu, & que la conuersion ne peut iamais estre ny trop prompte, ny trop tardiue. Le bon Larron s'enuolla de la Croix dans le Paradis. Nabuchodonosor Roy de Babylone apres auoir esté reduit à la condition des bestes, fut remis au rang des hommes. Et pour ne pas faire de vieux rapports à des personnes qui n'en cherchent que de nouueaux, & qui prennent pour fables, tout ce qui n'est pas histoire du temps : Il y a quelques années que Gracchus vostre parent, dont la noblesse se fait assez remarquer dans son nom, comme sa qualité dans la charge de Prefect de la Ville, qu'il a si long temps exercée : Ce grand homme, di-ie, a renuersé les Idoles des Dieux, à qui il erigeoit des autels. Il a bruslé les images des Demons, qui souffrent en effect les feux d'Enfer : & aprez auoir donné ces preuues de son zele pour nostre saincte Religion, il a receu le Baptesme. La Gentilité est maintenant condamnée à la solitude au milieu mesme de Rome.

IV. Les Dieux des Nations habitent maintenant auec les hibous ; les drapeaux des gens de guerre sont à present des bannieres de la Croix. On en voit la figure sur le Diadéme des Empereurs, & sur la pourpre des Roys ; ce qu'on nommoit autrefois gibet, passe maintenant pour le suiet de l'eleuation des

Princes. Ceux qui adoroient Serapis dans l'Egypte, font à cette heure adorateurs de IESVS CHRIST. Marnas qui a eu tant de vogue parmy les Payens, eſt à preſent enfermé à Gaza, & ne demeure dans vn Temple, que dans l'apprehenſion continuelle d'en voir bien toſt la demolition. Nous voyons tous les iours des troupes de Religieux des Indes, de la Perſe, de l'Ethiopie, où il n'y auoit pas ſeulement des fideles. L'Armenie a quité ſa ferocité pour ſe ſoumettre à la douceur du ioug de noſtre Seigneur. Les Huns apprennent le Pſaultier aprez auoir pillé nos Egliſes; Les Scythes, dans la froideur de leur climat, ont vne tres-ardente foy. Les Getes meſmes portent les enſeignes d'vne Religion qu'ils s'efforçoient d'abolir, & ne combattent maintenant contre nous auec quelque eſpece d'égalité, que pour ce qu'ils ont vne meſme confiance en noſtre Seigneur. Ie ne prens pas garde que pour monſtrer l'eſtendüe de la foy, ie ne me reſſerre pas dans mon ſuiet, & que traittant ce que ie ne dois pas traitter en ce lieu, ie n'y traitte pas ce que i'y deurois traiter, Mon premier deſſein, ſuiuant la priere que vous m'auiez faicte conioinctement auec Marcelle, eſtoit de vous apprendre comme en qualité de mere vous deuiez éleuer voſtre fille Paula, & maintenir la vie de la grace à celle à qui vous auez donné celle de la nature.

V. Or ie deſire que vous en ayez d'autant plus

de foin, qu'elle a esté plutost consacrée à Iesvs-
Christ, qu'elle n'a esté engendrée, & que vous
l'auez plutost conceuë par vos desirs, que par vostre
fecondité.  Nous voyons de nostre temps quelque
chose de semblable à l'Histoire du téps des Prophetes.  Anne porta des enfans aprez auoir esté sterile:
mais vous auez esté plus heureuse , en ce qu'aprez
auoir produit des fruicts qui vous ont causé beaucoup de regret ,  pour la perte de vostre virginité,
vous les auez mis entre les mains de celuy qui leur
peut donner vne vie perpetuelle, & à vous vne ioye
qui ne finira iamais.  Ie parle auec asseurance, pour
ce que c'est Dieu qui me fait parler : Mais i'ose dire,
que vous aurez d'autres enfans, pour ce que vous en
auez offert les premices à nostre Seigneur.  Il est trop
bon pour se laisser vaincre en liberalité à ses creatures, & trop puissant pour ne leur pas faire du bien.
Vous auez des-ia accomply la Loy qui concerne les
premiers nez : Il faut maintenant que celuy qui a receu vostre offrande accomplisse sa promesse. Samuel
est ainsi né par vne grace de Dieu.  Sansom est aussi
venu au monde contre l'esperance du monde mesme.  C'est ainsi que sainct Iean Baptiste se resioüit
dans le ventre de sa mere à la venuë de Marie : par ce
que cet enfant de grace reconnoist l'Autheur de toutes les graces. Il entend la voix du Seigneur qui parloit par la bouche de Marie,  & il veut sortir des en-

trailles d'Elizabeth pour aller visiblement au deuant
de IESVS-CHRIST Il faut pareillement qu'vne
Fille qui est née par vne speciale faueur de Dieu soit
esleuée conformément à sa naissance, & que ses parens suiuent sur la terre, l'intention de son pere qui
est au Ciel.

VI. Samuel est nourry au milieu du Temple,
afin que la saincteté se naturalise en ses mœurs, &
que n'ayant point d'autre maison que celle de Dieu,
il n'ait point d'autres interests que ceux qui regardent son seruice. Sainct Iean est esleué dans la solitude, pour preparer la voye au Reparateur du monde:
& s'esloignant de la compagnie des hommes, il s'approche de celle des Anges. L'vn est remarquable
par la consecration de sa cheuelure, aussi bien que
par l'entretien continuel qu'il a auec Dieu ; l'autre
pour conuerser dans le Ciel, s'escarte des villes. Dans
la delicatesse de ses membres il porte vne rude ceinture de poil. Il se nourrit de miel sauuage pour mieux
s'accoustumer à gouster la douceur du Paradis, & se
reuest des despouïlles d'vn animal fort bossu, pour
applanir le chemin de la penitence, suiuant les beaux
exemples. Il faut esleuer vne fille qui doit estre con-
templée du Dieu viuant, & dans la chair mesme estre
l'image visible du sainct Esprit : qu'elle ne s'accoustume pas à rien dire, où à rien ouyr qui n'appar-
tienne à la crainte de nostre Seigneur. Il faut que

ſes entretiens ſoient conformes au mouuement de ſon cœur, & que la pureté de ſes diſcours s'accorde parfaictement auec celle de ſon ame. Pour les mauuaiſes paroles, ie veux qu'elles luy ſoient ininteliigibles, & que tout ce qu'on dit contre Dieu luy ſoit vn langage incogneu : qu'elle ne ſçache point de chanſons prophanes, & qu'on inſtruiſe pluroſt ſa langue à bien reciter les Pſeaumes, qu'à faire retentir des extrauagances. Eſloignez-la de la compagnie des Garçons, pour l'approcher dauantage de l'Agneau, & que les filles meſmes qui l'accompagnent en qualité de ſuiuantes, ſoient ſequeſtrées du commerce du monde, de peur qu'elles n'enſeignent mal ce qu'elles ont mal appris.

VII.    Au reſte, pour cultiuer ſon eſprit, en perfectionnant inſenſiblement ſon ame, faites luy faire des lettres de buys ou d'yuoire, qui ſoient diſtinguées par noms auſſi bien que par figures, afin qu'en paſſant le temps auec elles, le ieu meſme luy puiſſe tenir lieu d'eſtude. Il faut que non ſeulement elle en retienne l'ordre par vne memoire determinée ; mais encore qu'elle ſe puiſſe ſouuenir de leurs differences dans vne belle confuſion, & qu'en les renuerſant en diuerſes façons, elle les recognoiſſe par la veüe, auſſi bien que l'ouye. Lors qu'elle commencera de former les lettres de ſa main, ou qu'on la luy tiendra pour luy apprendre à eſcrire, faictes luy faire des exemples, dont la marge semble regler toutes les pages en sorte que prenant garde au dedans la main ne s'emporte point au dehors. Proposez luy des prix pour luy faire assembler facilement les syllabes, & persuadez-vous que de petits presens sont les plus grandes raisons qu'on puisse donner à cet âge là pour le porter à bien faire. Donnez luy mesme des compagnes d'estude, afin qu'elles se portent vne enuie reciproque, & qu'elle craigne autant leur loüange que leurs reprimendes. Il ne la faut pas trop blâmer, quoy qu'elle semble estre vn peu trop lente: Il faut picquer son esprit par l'eguillon de la gloire, afin qu'elle soit aussi aise d'auoir vaincu ses riuales, que honteuse d'en auoir esté vaincuë.

VIII. Prenez garde sur tout qu'elle ne conçoiue vne hayne secrete contre l'estude, depeur qu'elle s'en dégouste en sa ieunesse, aussi bien qu'en son enfance, & qu'elle prenne plutost cette occupation pour vn esclauage, que pour vn employ digne d'vne honneste Fille. Les premieres paroles que vous luy apprendrez à prononcer, ne doiuent pas estre dites à l'auanture: vous les deuez emprunter des Prophetes & des Apostres, afin que la memoire de Paula soit aussi tost consacrée, comme remplie, & qu'elle acquiere sans y penser de grands thresors, que plusieurs n'acquierent qu'auec beaucoup de reflexion. Choisissez-luy quelque maistre dont la probité soit

égale

égale à sa suffisance, & qui soit aussi recommandable par la maturité de son âge, que par ses perfections personnelles.  Vn homme Docte ne re-
fusera pas de faire, en faueur d'vne de ses parentes,
ou d'vne Fille de grande maison, ce qu'Aristote fit
pour Alexandre quand il luy apprit à lire luy-mesme, quoy que d'autres eussent peu prendre cette
peine.  On mesprisera sans doute, ce que i'ay dit
iusques icy, pour ce que ie n'ay encore traitté aucun suiet d'importance.  Mais on ne doit pas appeller de petites choses, celles sans qui les grandes
ne sçauroient iamais subsister.

    IX.    Il faut mesme prendre garde à la pro-
nonciation, aussi bien qu'à la substance des mots;
pour ce que les mesmes paroles qui sont bien re-
ceuës dans vne bouche qui en sçait vser à propos, ont fort mauuaise grace, quand on s'en sert
contre les formes. Ainsi, Madame, que vostre Fille ne s'accoustume pas à trancher la moitié des
mots par vne mignardise ridicule, qui n'appartient
qu'aux Coquettes. Empeschez-là aussi de se ioüer
dans l'or & la pourpre, car l'vn nuist autant à ses
mœurs, que l'autre est preiudiciable à sa lágue. Enfin il n'est pas expedient qu'elle apprenne au commencement, ce qu'il luy faudroit desapprendre
aprez. On dit que le langage de la mere des
Graques contribua beaucoup à l'eloquence de ses

A 2

enfans, & qu'ils furent tous illuſtres, pource qu'elle eſtoit habile. Hortenſius ne tenoit pas la grace
qu'il auoit à parler, de ſoy-meſme, mais de ſon
pere. Vous euſſiez dit que le bien dire luy eſtoit
auſſi naturel, qu'il nous eſt difficile à acquerir. Au
reſte il eſt preſque impoſſible d'effacer vne impreſſion qui a fait le premier fonds de noſtre capacité;
on ne ſçauroit blãchir l'écarlate, & vn vaiſſeau peut
receuoir diuerſes liqueurs, mais il garde touſiours
quelque odeur de la premiere. L'Hiſtoire Grec-
que nous apprend qu'Alexandre, ce Grand Roy
de tant de Monarques, & ce conquerant de tout
l'Vniuers, tenoit des deffauts auſſi bien que des
perfections de ſon maiſtre Leonide. Tout homme qu'il eſtoit, il eſtoit ſuiet aux vices dont ſon enfance auoit reçeu les impreſſions. On imite facilement les imperfections d'autruy, & ayant bien
de la peine à égaler ſes vertus, on n'en a point à
égaler ſes defauts.

X.   La Nourrice de Paula ne doit pas aymer le
vin, & quoy qu'elle ſoit ioyeuſe, il ne faut pas
qu'elle ſoit Coquette : que celles qui la porteront
ſoient plus remarquables par leur modeſtie, que
par leur propre gentilleſſe : que ſon Nourricier
meſme n'ait pas moins de grauité que de ſoin :
quand elle verra ſon ayeul, qu'elle paſſe entre ſes
bras, qu'elle s'attache à ſon col, & luy parle en be-

gayant de noſtre Religion malgré qu'il en ait,
qu'elle ſe plaiſe entre ſes mains , & reconnoiſſe
ſon pere par vn ſouſris agreable. En vn mot, qu'elle ſe rende aymable à tout le monde ſans eſtre
importune à perſonne , & que tous ſes parens
ſoient bien ayſes de voir vne belle roſe, qui venant
de leur ſang , doit eſtre encore vn beau lys du iar-
din de l'Eſpoux celeſte. Qu'elle apprenne de bonne heure les perfections de ſa tante & de ſon autre
ayeule qui ſont icy : Qu'elle ſçache, pour quel chef
d'œuure elle fait ſon apprentiſſage & qu'elle ſe regarde plutoſt comme nouice de Bethleem , que
comme Damoiſelle de Rome. Prenez plaiſir à voir
qu'elle s'ennuye dãs voſtre maiſon pour venir dans
celle de I E S V S-C H R I S T, & qu'elle vous menace
de vous quitter pour eſtre mieux à elle-meſme. Que
ſa contenance, auſſi bien que ſon habit luy appre-
ne à quel Eſpoux elle eſt des-ia fiancée.

XI.　Donnez-vous bien garde de luy percer
les oreilles par vne marque qui la face croire eſcla-
ue du monde, & ne luy bleſſez-pas le corps pour
luy donner ſuiet de tuer ſon ame. Ne mettez point
de vermillon ny de blanc d'Eſpagne ſur vn viſage
conſacré à I E S V S-C H R I S T ; & ſouuenez-vous
que le fard ne s'accorde pas auec la ſimplicité du
Chriſtianiſme. Ne luy chargez point le col, ny de
carquans ny de perles : Ne luy mettez point de pier-

res precieuses sur sa teste, puis qu’elle doit estre elle-mesme vne riche perle. Ne vous estudiez point
à luy peindre les cheueux en couleur de feu, de
peur de luy donner quelque presage des incendies
de l’autre vie. Qu’elle ne songe qu’à vendre tout ce
qu’elle a, pour acheter ce beau ioyau qui la doit
rendre eternellement glorieuse.

XII.    Ie ne vous donneray pas seulement des
auertissemens, mais encore des exemples sur ce suiet. Prætextata vne des plus grandes Dames de Rome, par l’ordre de son mary Himetrius, qui fut
oncle paternel d’Eustochium, fit changer d’habit
& d’estat à cette Fille innocente, & commença de
se parer à la mode, pour rompre le dessein de cette
Vierge, & tromper les pieux desirs de sa mere.
Dans vne si mauuaise intention elle fut bien eston-
née vne nuict qu’elle vit en songe vn Ange du
Ciel qui la menaçoit, & qui ne sembloit auoir de
la lumiere, que pour l’espouuanter d’auantage par
ces paroles. *Quoy! vous auez osé preferer le commandement d’vn homme à la deffence de* IESVS-
CHRIST, *& toucher auec des mains sacrileges, vn
chef consacré à Dieu? Elles vous secheront pour vous
faire voir vostre faute dans vne punition presente, &
dans cinq mois, vous qui faites estat d’esloigner vne fille
du Paradis, serez conduite aux enfers: Que si vous con-
tinuez dans vostre peché, & que vous soyez incorrigi-*

ble, aussi bien que criminelle, sçachez que vous perdrez
vn mary qui vous a donné vn conseil si pernicieux, &
qui pour auoir voulu desbaucher la fille de Paula, vous
verrez la mort de tous vos enfans. Tout cela fut accomply de poinct en poinct, & la mort soudaine
qui l'emporta fit bien voir qu'elle ne s'estoit pas
repentie de bonne heure. C'est ainsi que IESVS-
CHRIST se venge de ceux qui osent violer ses
temples; c'est ainsi, quand defendant les perles &
les ornemens superflus il maintient l'honneur des
Vierges, qui doiuent estre la gloire & les pierres
precieuses de la Hierusalem celeste.

XIII. Or ie n'ay pas rapporté cette Histoire
pour brauer l'infortune des miserables, mais pour
vous monstrer auec combien de frayeur & de reflexion vous deuez garder ce que vous auez pro-
mis à nostre Seigneur. Le grand Prestre Heli of-
fensa Dieu, pour auoir permis que les enfans l'of-
fensassent. Vn homme qui a des enfans vicieux &
mal disciplinez, ne peut pas estre faict Euesque. Il
est dit au contraire, qu'vne femme sera sauuée par
la production des enfans, pourueu qu'elle perseuere dans la foy, & qu'elle accorde parfaittement
la fecondité de son corps auec la sanctification de
son ame. Que si les fautes que les enfans commet-
tent dans vn âge viril, & aprez auoir esté eman-
cipez, sont neantmoins imputées à leurs parents,

que deuons-nous penser de l'obligation qu'ils ont à empescher les imperfections d'vn âge qui est fort fresle, & toutesfois fort flexible, & qui ne sçait discerner ny la droite ny la gauche, c'est à dire, ny la nature du bien, ny celle du mal. Si vous prenez garde auec tant de soin que vostre fille ne soit morduë d'vne vipere, pourquoy ne prenez-vous garde qu'elle ne soit blessée du serpent, que l'Escriture appelle le fleau de toute la terre? pourquoy ne l'empeschez-vous de boire dans le calice de la Babylone, qui ne semble estre doux que pour estre plus dangereux ? Pourquoy ne l'esloignez-vous pas du dessein de Dina, afin qu'elle ne sorte point pour voir des filles estrangeres, qui luy communiqueront plutost leurs deffauts, qu'elle ne leur pourra communiquer ses vertus? A quel propos luy permettrez-vous de sauter & de dancer pour descendre plus promptement dans l'Enfer en s'esleuant sur la terre? En vn mot pour quelle fin luy donnerez-vous des robbes d'vn prix excessif pour se vendre à meilleur marché? Ostez-luy toutes ces menües satisfactions, pour luy oster les occasions de faire du mal. Souuenez-vous qu'on mesle le miel dans le poison, pour le rendre d'autant plus nuisible, qu'il semble estre plus agreable. Les vices ne nous trompent point que sous l'ombre & l'apparence des vertus.

XIV.  Vous me direz , que comme les enfans ne sont point responsables des fautes de leurs pere & mere, ceux-cy pareillement ne seront point responsables des fautes de leurs enfans. L'ame qui aura peché mourra personnellemét; mais celle qui aura bien vescu, viura sans iamais mourir : mais ie replique à cette instance, que ce passage de l'Escriture se doit entendre des enfans qui sont capables de sagesse, aussi bien que de folie, & qui ayans assez d'âge pour parler en leur faueur, en ont assez pour agir de leur mouuement. Mais cette proposition n'a point de lieu dans les enfans, qui ne se pouuant pas conduire eux-mesmes ont besoin d'estre conduits d'autruy, & qui n'ayans pas encore l'vsage de la raison, ne peuuent operer raisonnablement que par vne espece de miracle. C'est de ceux-là que ie dis que ce qu'ils font de mal & de bien , doit estre imputé à leurs parents , & que ceux qui les esleuent doiuent auoir d'autant plus de prudence , que les suiets de leurs soins ont moins de connoissance & de discretion. Pensez-vous que les enfans des Chrestiens qui meurent sans le Baptesme soient coulpables de leur malheur, & non pas plutost leurs parents, qui ont refusé de leur donner vn Sacrement dont la grace purifie la nature, & qu'elle semble offrir à tout le monde , quoy qu'elle l'offre par le ministere des hommes. Ces petits malheureux qui se font perdus sans auoir failly par leurs actions personnelles, ne pouuoient pas resister à la volonté de ceux qui leur eussent voulu faire du bien, comme ils n'ont pas peu les forcer à leur en faire contre leur volonté. Tout au contraire, nous pouuons dire, que le salut des enfans est l'auantage de la vie de leurs peres. Il a esté en voſtre pouuoir, Madame, d'offrir voſtre fille à Dieu, ou de ne la luy pas offrir, quoy, qu'à parler veritablement, cette offrande n'a pas esté en voſtre diſpoſition puis que vous l'auiez conſacrée à Dieu, deuant que de l'auoir conceüe; mais c'eſt à vous maintenant, à ne pas negliger vn ſuiet dont vous auez fait preſent à noſtre Seigneur, & vous n'y pouuez laiſſer aucune ſorte d'imperfection ſans vous rendre criminelle. On dit que celuy qui offre à Dieu vne hoſtie, ou ſoüillée ou priuée de quelque membre conſiderable, ſe rend coulpable de ſacrilege : à plus forte raiſon ſera puniſſable vne perſonne qui viura dans la negligence, ſe diſpoſant à donner à noſtre Seigneur vne partie de ſon corps, & qui ſemblera luy refuſer vne moitié de ſoy-meſme en luy ſacrifiant l'autre.

XV. Quand Paula commencera à eſtre vn peu grande & à croiſtre en ſageſſe auſſi bien qu'en âge, à l'exemple de ſon Eſpoux; elle doit s'en aller vers

le

le Temple de son Pere en cõpagnie de ses parents;
mais elle n'en doit pas sortir auec eux.  La maison
de son Espoux celeste luy doit faire oublier la sienne : qu'on la cherche parmy la foule du monde, &
la multitude de ses proches, mais qu'on ne la trouue iamais que dans le sanctuaire de l'Escriture. Elle doit plus parler aux Prophetes & aux Apostres
que non pas aux hommes viuans.  Il faut qu'elle
s'entretienne auec les habitans du Ciel, de ses nopces spirituelles, pour ne iamais songer à celles du
siecle , & des instincts de la chair.  Elle doit res-
sembler à Marie, que l'Ange trouua seule dans sa
chambre, & qui ne fut effrayée à l'abord de Ga-
briel, que pour ce qu'elle vit vn visage d'homme
qu'elle n'auoit iamais apperceu. Les Intelligences
mesmes luy estoient suspectes dans la figure des
corps. Qu'elle se rende semblable à celle dont il est
dit dans le Pseaume, que toute la gloire de la fille du Roy depend du dedans, quoy qu'elle se pro-
duise auantageusement au dehors. Qu'elle traitte
auec son bien aymé aprez en auoir esté viuement
blessée, & que sa playe parle pour elle, quand elle
fermera la bouche. Qu'elle ne sorte point du cabinet de l'Espoux, aprez qu'il l'y aura introduite, de
peur que ceux qui font le tour de la ville l'offencent lors qu'elle ne sera plus deffenduë du Tout-
puissant , & luy rauissent sa guirlande quand elle

B b

fera gloire de la monſtrer auec trop d'eſclat. La pureté meſme ne doit auoir aucun commerce auec l'impureté.

XVI. Outre cela, Madame, n'accouſtumez pas voſtre fille, à ſe trouuer aux feſtins, de peur que la bonne chere luy face trouuer l'abſtinence inſupportable. Ie ſçay bien que quelques vns tiennent qu'il y a plus de vertu à meſpriſer vne volupté preſente, qu'à ne la pas rechercher au temps qu'elle eſt eſloignée. Pour moy i'eſtime qu'il y a plus d'aſſeurance pour vne fille à ne pas ſçauoir ce qu'elle peut deſirer, qu'à ne pas deſirer ce qu'elle ſçait. I'ay leu autrefois au commencement de mes eſtudes, que c'eſt en vain qu'on ſe met en peine de corriger en vn moment, ce qu'on laiſſe authoriſer par vne longue accouſtumance. Le vice paſſe en habitude, auſſi bien que la vertu, & l'on fait touſiours volontiers ce qu'on a touſiours fait par le paſſé. Que voſtre fille ne boiue point de vin dés à preſent, pour ne le pas regreter à l'auenir : qu'elle ſe ſouuienne que puis qu'elle doit eſtre chaſte, elle ne doit pas fournir de nouuelles flammes à la concupiſcence rebelle. Il eſt vray que deuant qu'vne fille ſoit arriuée à vne parfaicte conſtitution, l'abſtinence qui eſt ſi ſalutaire aux autres, luy peut eſtre dommageable. Ainſi ie permets à la voſtre, ce que la neceſſité ſem-

ble exiger de son âge, à sçauoir qu’elle aille quelque fois aux bains,  qu’elle boiue vn peu de vin,
pour fortifier la foiblesse de son estomac, & non
pas pour flater sa delicatesse. Enfin qu’elle man-
ge de la chair , de peur que ses pieds viennent à
défaillir deuant qu’ils commencent à marcher. Or
ie dis cecy par vn principe d’indulgence, & non
pas de commandement.  Ie crains l’infirmité de
vo[illegible]stre fille, mais ie ne veux pas enseigner la dissolution ; Autrement ie luy dirois, de faire pour le
moins autant d’abstinence , que les Iuifs, & de ne
pas permettre que les Gymnosophistes d’Egypte, ou les Brachmanes des Indes surpassent la perfection d’vne Chrestienne, par de prophanes ob-
seruations. Puis qu’ils se passent de plusieurs sortes de viandes, vne Vierge ne doit pas trouuer de
peine à faire suiuant la grace, ce que les autres ne
font que par le seul mouuement de nature. Si le
verre est si esclattant, ne faut-il pas qu’vne pierre
precieuse soit bien brillante ? Vne fille qui est née
par vne generation extraordinaire, doit viure comme ceux qui ont esté engendrez de mesme façon.
Ses actions doiuent respondre à la grace qu’elle a
receuë.  Ie ne veux point qu’elle se plaise à iouer
des orgues, & desire qu’elle ignore l vsage de la
Flûte, du Luth, & de la Quiterre. Faites luy ren-
dre conte tous les iours de ce qu’elle a appris de l’E[illegible]

Bb ij

criture. Ie veux qu'elle fçache des vers Grecs, pour-
veu qu'elle n'oublie pas la langue Latine. Elle fe
doit accouftumer de bonne heure à la prononcer,
de peur qu'elle apprenne quelque mauuais accent,
& qu'elle introduife la barbarie, mefme dans Rome. Vous luy deuez tenir lieu de maiftreffe, comme de mere, & voftre prudente maturité fe doit
faire admirer à fon enfance ignorante. Qu'elle ne
voye rien, ny en vous, ny en fonpere, dont l'imitation l'engage dans le peché, & gardez-vous bien
de luy ofter la vie de l'ame par vn mauuais exemple aprez luy auoir donné celle du corps par vne
bonne alliance. Souuenez-vous que vous eftes
parents d'vne vierge, auffi bien que d'vne fille, &
qu'elle a plus befoin d'eftre inftruite pas vos a-
ctions, que par vos paroles. Les fleurs font belles
à la verité, mais leur beauté paffe bien toft; Il ne
faut qu'vn petit vent pour gafter les lys & les violettes, & le mauuais temps deftruit en vn moment
ces miracles naturels, que la bonté de la terre auoit
operez par l'entremife des rays du Soleil. Ie
veux dire par là que plus voftre fille eft innocente, plus vous deuez auoir foin de fon innocence.

XVII. Qu'elle ne paroiffe iamais en public
que vous ne foyez en fa compagnie, & ne la perdez iamais de veuë, afin qu'elle ne perde iamais fa

reputation. Elle ne doit pas mesme visiter les E-
glises, ny les Chapelles des Martyrs que vous ne
soyez auec elle, & tous les lieux où vous n'estes pas
luy doiuent sembler en quelque façon prophanes,
quelques sacrez qu'ils soient, comme ie les tiens
pour suspects. Qu'elle ne se plaise point à voir de
ces ieunes muguets, qui ont plus de soin de leur
perruque que de leur ame, & qui ayment mieux
estre veus dans l'agreement, que de bien viure en
effect. Mais si elle doit euiter leur compagnie,
c'est principalement dans le Temple de Dieu
qu'elle se doit garder d'auoir aucun commerce
auecque ses Idolatres. C'est pourquoy elle ne doit
iamais faire les sainctes veilles, que vous ne veil-
liez sur elle, & vous ne deuez pas tant vous asseurer
sur la solemnité des festes, que vous ne regardiez
la foiblesse d'vne fille. Ie ne veux pas mesme qu'elle ayme particulierement quelqu'vne de ses suiuantes, ny qu'elle s'accoustume à luy parler à l'au-
reille, de peur qu'on parle hautement au desauantage de son honneur. I'entends que ce qu'elle dit
à vne, soit generalement entendu de toutes les
autres. Qu'elle mette son contentement à voir vne
compagnie dont la grauité puisse corriger toutes
les legeretez de sa ieunesse, & qui mette son plus
grand soin à paroistre dans vne belle negligence,
& dans vne genereuse melancholie, plutost que

B b iij

dans vne parure affectée, & vne ioye extrauagante.
Elle doit hair la conuersation de celles qui n'embel-
lissent leurs corps, que pour enlaidir leur ame, qui
mettent plus d'estude à se rendre immodestes, qu'à
monstrer leur retenuë, & qui se picquent plus de
bien chanter, que de bien faire. Vous luy deuez donner pour gouuernante quelqu'vne de ces Dames, qui
ayant gardé la virginité toute leur vie, luy peuuent
apprendre maintenant à la conseruer, & qui l'ac-
coustumerót à parler à Dieu, aussi bien qu'aux hommes, & à ne laisser passer aucune heure de temps sans
rendre quelque tribut à l'eternité, en recitant l'office
diuin. Qu'elle apprenne encore la façon de se tenir toute preste pour combattre l'ennemy en quelque instant qu'il l'assaille, & à prendre toufiours
garde à soy-mesme, pour n'estre iamais surprise de
l'ennemy, qui veillant toufiours triomphe facilement des personnes qui s'endorment dans vne confiance temeraire.

XVIII. C'est à ces belles occupations qu'elle
doit employer le iour & la nuict de telle sorte, qu'a-
prez l'oraison la Lecture suiue, & que la lecture soit
reciproquement suiuie de l'oraison. Elle ne trouue-
ra iamais le temps long, si elle en mesnage les moments par de si diuers employs. La varieté plaist en
toutes choses, mais principalement dans les exerci-
ces de pieté. Qu'elle sçache en outre la façon de

faire de la laine, de tenir la quenoüille, de manier
le fuſeau, de deuider le fil, & de trauailler touſiours
de ſa main, quand ſon eſprit ſe relaſchera. Qu'elle ne
ſe ſoucie pas des ouurages de ſoye ou de brocat d'or;
Enfin elle ſe doit preparer des veſtemens qui la ga-
rantiſſent du froid, & non pas de ceux qui font voir
en effect la nudité des corps qu'ils couurent en apparence.

XIX.    Vous la deuez nourrir de legumes, d'vn
peu d'orge preparé, & y adiouſter quelquefois vn
mets de petits poiſſons ; & pour ne m'arreſter pas
plus long temps ſur ce ſuiet; elle doit tellement prendre ſa refection, qu'il luy reſte touſiours vn peu d'appetit, & qu'au ſortir de table elle n'ait point de peine
à demeurer à l'Oratoire, à l'Egliſe, ou au Cabinet.
Ie vous diray neantmoins que les grands ieuſnes, &
vne abſtinence indiſcrete me déplaiſent en toute ſorte de ſuiects, mais principalement en des perſonnes
qui ont beſoin de fortifier la foibleſſe de leurs corps
par vne iuſte nourriture, & qui deuant manger pour
viure, ne viuent pas pour manger. Ie ſçay par experience, qu'vne beſte qui eſt laſſe, cherche quelque detour pour trouuer du ſoulagement, que le
droit chemin luy refuſe. C'eſt à faire aux adorateurs
d'Iſis & de Cybelle de n'eſtre abſtinens que pour
s'addonner aprez à l'intemperance, & de ne ſe paſſer de pain, que pour manger des tourtres, & des

faisans. Le temperament qu'on doit garder dans le ieusne, c'est de manger autant qu'il en faut pour subsister dans le trauail, & non pas pour viure dans l'oysiueté, & pour s'empécher de demeurer au milieu de la carriere, aprez auoir bien couru au commencement. Mais c'est en Caresme qu'il faut redoubler l'abstinence, quoy qu'en tout temps Dieu nous oblige d'estre sobres. La moderation semble lors deuoir consister dans vne espece d'excez. Il est vray que la temperance qu'on peut obseruer en cette saincte saison prend diuerses qualitez, suiuant les diuerses conditions des personnes qui la prattiquent. Les ieusnes des Vierges & des Religieux doiuent estre bien differens de ceux des personnes du monde. Vn seculier ne semble pas tant s'abstenir de manger par vn principe de vertu, que pour chastier sa gourmandise, & viuant de son suc à la façon des huistres, il n'est pas proprement temperant, mais il se dispose à l'intemperance. Il ne purifie pas son estomach, mais il le prepare pour le dessein qu'il a de se saouller aprez la feste. Vne Vierge & vn Religieux s'abstiennent de telle sorte de manger, qu'ils se souuiennent qu'ils ont encore du chemin à faire, & quoy qu'ils ne se flattent pas en marchant, ils se gardent bien aussi de se tuer volontairement. Vn trauail moderé est plus grand, que celuy qui est infiny, pour ce que par l'vn nous ne nous reposons iamais, & par l'autre

nous

nous venons à nous repofer toufiours.

XX. Si parfois il vous prend enuie d'aller aux champs, ne laiffez pas voftre fille à la maifon ; elle fe doit accouftumer à ne pouuoir viure fans vous, & à ne iamais plus craindre, que lors qu'elle fe verra feule. Qu'elle ne frequente point les filles du fiecle, puis qu'elle ne doit fonger qu'à l'Eternité. Eftant de la compagnie de l'Efpoux, qu'elle fuye celle des Vierges folles. Qu'elle ne fe trouue point à la celebrité des nopces de vos feruiteurs, & qu'elle ne s'intrigue pas dans les ieux de fes domeftiques, de peur qu'elle foufpire enfin aprez ceux des eftrangers. Retranchez luy mefme des chofes permifes, afin qu'elle fe retranche plus aifément des defenduës. Au refte, ie fçay bien que de graues Autheurs ont dit, qu'vne fille confacrée à Dieu, ne doit point fe trouuer au bain, ny auec des Eunuques, ny auec des femmes mariées, pour ce que les vns font toufiours hommes, & que les autres eftant bien fouuent enceintes, peuuent bleffer les yeux d'vne Vierge. Pour moy, i'auoüe franchement, que l'vfage des bains me defplaift abfoluëment en vne perfonne, qui ayant fait vœu de virginité, fe trouue dans la vigueur de fa ieuneffe, eftant certain qu'elle doit auoir honte de foy-mefme, & apprehender autant de fe voir dans la nudité, que d'eftre veuë des autres. En effect, fi elle matte fon corps à force de veilles & d'abftinence, & fi

C c

pour acquerir la liberté de l'esprit elle le reduit à la seruitude; si elle s'estudie à esteindre le feu de la concupiscence, & l'ardeur de la ieunesse par la froideur d'vne continence genereuse; enfin si par vne negligence recherchée elle affecte d'enlaidir sa naturelle beauté, pourquoy est-ce qu'elle s'efforce de r'allumer vne flamme des-ia demy morte, par la mollesse des bains? C'est destruire d'vne main ce qu'on veut bastir de l'autre : c'est vouloir viure & mourir tout ensemble; c'est penser accorder le vice auec la vertu.

XXI. Au lieu d'aymer la soye & les perles, ie veux que Paula n'ayme que les sainéts Liures, & qu'en ceux-cy mesmes elle ne regarde pas tát la beauté du volume, que la pureté de l'edition; elle se doit plus attacher au fonds, que non pas à la figure. Qu'elle apprenne premierement le Psaultier de Dauid, pour chanter tousiours auecque les Anges, en chantant deuant les hommes. Les Prouerbes de Salomon luy donneront des preceptes de salut : & la vie de Iob luy fournira des exemples de toutes sortes de vertus. Dans l'Ecclesiaste, elle apprendra le mespris du monde; & dans les autres parties de l'Escriture, elle verra par tout l'estime qu'il nous faut faire des choses du Ciel. Ie luy en determine quelques vnes pour sa lecture; non pas que toutes ne viennent d'vn mesme Esprit, mais c'est que tou-

tes ne font pas également intelligibles. Dieu parle
de la nüée en certains endroits, fi en d'autres il parle
vifiblement. Il nous propofe quelquesfois des veritez éclatantes, & d'autrefois des myfteres cachez:
Qu'elle s'attache principalement à la lecture des E-
uangiles; & comme ils contiennent la vie de fon
bien-aymé, qu'elle ne les perde iamais de veuë. Les
Lettres des Apoftres luy doiuent eftre fort familieres, auffi bien que leurs Actes miraculeux · & il
faut qu'elle en reçoiue les veritez dans le fonds du
cœur, comme dans la capacité de fon efprit. Aprez
s'eftre ainfi bien inftruite des myfteres de la nouuelle
Loy qu'elle contemple ceux de l'ancienne. Ie veux
qu'elle fçache tous les Prophetes par cœur, & que le
fainct Efprit n'ait rien dit par leur bouche, qu'il ne
die encore auiourd'huy par celle de Paula. Ie defire
encore qu'elle apprenne parfaitement la Genefe, les
Liures des Roys auec leur fupplement; l'hiftoire d'Efdras auffi bien que celle d'Efter, afin que ces verita-
bles narrations, l'empefchent de fonger aux fabu-
leufes?

XXII.   Elle ne doit apprendre que fur la fin le
Cantique des Cantiques, de peur que le lifant au
commencement, fon imagination foit bleffée, pour
ne pouuoir pas comprendre le fecret du mariage fpi-
rituel, qui nous y eft figuré, fous des paroles char-
nelles. L'Efcriture faincte ne contient rien de mau-

uais; mais elle eſt fort myſterieuſe. Pour les Liures apocryphes, elle n'en doit voir que la couuerture: que ſi quelquefois elle en veut lire quelques vns, non pas tant pour y deſcouurir la verité, que pour y trouuer de belles figures, qu'elle ſçache que ce ne ſont pas des ouurages des Autheurs à qui on les attribuë, qu'il y a du bien meſlé auecque du mal, & qu'il faut auoir vne prudence extraordinaire pour chercher de l'or dans la boüe. Qu'elle ait touſiours entre les mains les diuerſes œuures de ſainct Cyprien. Elle peut parcourir ſans danger les lettres de ſainct Athanaſe, & es Liures de ſainct Hilaire. Enfin, qu'elle ne ſe plaiſe qu'à la lecture, & au genie de ceux dont les ouurages ne peuuent eſtre ſuſpects, ny d'hereſie, ny d'impieté; pour les autres, qu'elle les liſe plutoſt pour condamner leurs erreurs, que pour ſuiure leurs opinions.

XXIII.  Vous me direz peut-eſtre icy, que vous ne ſçauriez obſeruer à Rome les aduertiſſemens que ie vous enuoye de Bethleem, & que ces maximes de ſolitude ne ſe peuuent pas prattiquer parmy la foule du monde.  I'ay à vous dire là deſſus, Madame, que vous ne deuez-pas entreprendre de porter vn fardeau que vous ne ſçauriez ſouſtenir: Mais ie vous conſeille d'enuoyer icy voſtre fille à ſon ayeulle & à ſa tante, ſi toſt que vous l'aurez ſeurée auec Iſaac, & habillée auec Samuel.  Donnez cette belle

perle au cabinet de Marie, & que cette colombe se
vienne reposer sur la Creiche de l'Agneau.  Il faut
qu'elle soit esleuée dans vn Monastere, puis qu'elle
ne doit iamais viure auecque les hommes. Que fait elle parmy des personnes mariées, estant consacrée à la
Virginité? Mettez-là en vn lieu où elle n'apprenne
pas à iurer, mais à glorifier le nom de nostre Seigneur,
& où elle prenne pour sacrilege les mensonges les
plus legers.  Il faut qu'elle ignore les façons de faire
du siecle, puis qu'elle n'est plus du monde, & qu'elle
agisse comme les Anges, semblant estre leur compagne,  par la prerogatiue de son vœu. Qu'elle viue
dans la chair, comme si elle n'en auoit point ; qu'elle
se défie également de tous les hommes, puis que s'ils
n'ont pas tous les mesmes desseins contre son honneur, ils les peuuent pourtant auoir, estans de mesme nature.

XXIV.  Finalement qu'elle vous déliure de
la peine qui se rencontre à garder vn suiet, sur qui
tout le monde iette les yeux, & qui n'est iamais en
asseurance, pour ce qu'il est tousiours recherché.  Il
vaut bien mieux que vous la regrettiez en son absence, que non pas que sa presence vous face craindre à
chaque moment, & vous oblige de prendre garde
à tous ses regards, aussi bien qu'à tous ses discours.
Deschargez-vous de l'education de cette enfant sur
Eustochium, & quoy qu'elle soit encore petite, sça-

chez que son begayement mesme sera vne priere
qu'elle fera pour voltre prosperité. Qu'elle tienne lieu
de compagne à sa tante, pour estre vn iour son he-
ritiere.  Qu'elle se plaise à voir & à cherir dés ses premieres années , vne personne dont l'entretien , le
port & la contenance est vne leçon continuelle de
vertu. Qu'elle se nourrisse dans le seiour de son ayeulle , qui aura du plaisir de voir redoubler dans sa niepce , les perfections de sa fille, & qui ayant des-ia vne
grande experience pour bien instruire des Vierges,
esleuera d'autant mieux cette-cy , qu'outre qu'elle
est innocente , elle est encore de sa famille.  Il faut
que la petite Paula soit vn fleuron de la couronne de
l'autre , & qu'elle contribuë à l'acheuement de sa
gloire, aussi bien que d'autres filles , dont la Virginité est l'ornement de sa continence. Que la voltre
sera heureuse, si imitant de si grands exemples elle
tasche de se rendre plus noble par sa saincteté, qu'elle ne l'est par son extraction. Pleust à Dieu, pussiez-
vous voir voltre belle mere & sa fille, & admirer le
grand courage qu'elles ont dans la foiblesse de leur
corps?  Ie ne doute point que suiuant l'amour de la
chasteté vous ne voulussiez venir icy deuant voltre
fille , & changer les loix du mariage à celles de la
continence. Bien loin d'empescher les bons desirs de
vos enfans, vous vous offririez vous-mesme à Dieu.

XXV. Mais pource qu'vne femme n'a pas de
pouuoir sur son corps, qu'il faut que chacun perseuere
en l'estat où il a pleu à Dieu l'appeller, & qu'vne personne qui porte vn ioug auec vne autre, doit auoir
soin de marcher de telle sorte, qu'elle ne la laisse pas
engagée dans vn bourbier, offrez à nostre Seigneur
dans vostre fille, ce que vous differez necessairement
à luy offrir en vous-mesme. Anne ne voulut point
reprendre son fils aprez l'auoir consacré à Dieu, ne
iugeant pas qu'il fust de la bienseance, que celuy qui
deuoit estre vn iour Prophete, fust nourry dans vne
maison qui desiroit d'auoir encore d'autres enfans.
Enfin aprez auoir enfanté Samüel, elle n'osa plus entrer dans le Temple, que pour s'acquitter de sa promesse, & donner à Dieu vn fils qu'elle auoit receu de
sa liberalité. Enfin ayant faict ce sacrifice, elle en receut trois autres, pour en auoir ainsi dóné vn; & Dieu
qui ne se laisse iamais vaincre en bonté à ses creatures, les luy laissa tous posseder, pour l'aisné qu'il luy
auoit pris.    Si vous admirez le bon-heur de cette
femme, vous deuez imiter sa foy. Enuoyez donc icy
la petite Paula, ie m'offre à estre son Maistre & son
nourricier, ie la porteray entre mes bras, i'auray beaucoup de contentement dans ma vieillesse à bien instruire cette enfát. Ie m'estimeray beaucoup plus glorieux que le Philosophe; veu que ie n'enseigneray

pas comme luy vn Roy de Macedoine, qu'vn venin de Babylone puiſſe faire perir vn iour, mais vne
ſeruante de Dieu , & vne eſpouſe du Roy des
Roys , laquelle ne doit pas triompher ſur la terre,
mais dans le Ciel.

ARGVMENT.

# ARGVMENT.

L'Ombre ne suit pas le corps de si prez, comme l'enuie suit la vertu. Les meschans taschent de décrier les gens de bien pour authoriser leur dissolution. Ils prennent mesme suiet de leurs plus loüables actions de les blasmer outrageusement. Mais pourtant, quoy que la calomnie ait des dents, elle ne sçauroit mordre vne innocence bien esprouuée. Sainct Hierosme auoit faict de trop grands biens à Rome, pour n'y pas souffrir de mal. On l'appella seducteur, pour ce qu'il auoit enseigné la prattique des Conseils de IESVS-CHRIST. Chacun le persecutoit, dautant qu'il auoit attiré de grandes Dames à la suite du Roy des Roys. Mais ce qui auoit faict plus d'esclat, auoit esté la resolution de Paula, d'Eustochium, & de Melania, qui semblant estre la fleur de la Noblesse de la Ville, ne faisoient plus d'estat que d'vn mespris absolu du monde. On ne pouuoit souffrir que leur directeur fust zelé, pour ce qu'on ne pouuoit souffrir qu'elles fussent sages. On commença donc d'appeller hypocrisie, la sincerité de leur deuotion, & l'affection spirituelle de sainct Hierosme passa pour vn amour charnel.

Dd

On difoit qu'il ne les auoit attirées dans la folitude que pour eftre luy feul en la poffeffion de leurs bonnes graces, & qu'il vouloit tirer la prophanation de Rome pour la por-ter en Bethleem. Ce grand homme ne pût fouffrir ces dif-cours defauantageux a la pieté auffi bien qu'à fa renom-mée: & quoy qu'il fift profeffion d'aymer tous fes ennemis, il voulut pourtant s'aigrir contre leur erreur fans offen-cer leur perfonne. Il efcriuit donc cette lettre à Afella, où il luy exprima fes reffentimens auec autant de fougue que de douceur. Cette piece eft briefue à la verité, mais elle eft fort vigoureufe. L'eloquence y a d'autant plus de Ge-nie, qu'elle s'y trouue plus referrée. Noftre fainct remer-cie premierement cette Dame, d'auoir eu foin de l'obliger au temps que chacun le defobligeoit. Il rend vne fouueraine reconnoiffance à tous fes biens-faicts, en difant qu'il ne les fçauroit reconnoiftre. Aprez il tefmoigne auoir plus de compaffion de l'aueuglement de fes ennemis, que de cho-lere contre leur mefdifance. Il fait en fuite vn eloge inno-cent en fa faueur, pour faire mieux fon Apologie. Il la commence par le fonds mefme du fuiet, & monftre qu'il n'eft pas coupable, pour auoir perfuadé à quelques per-fonnes d'acquerir la perfection. Il prouue qu'on blafme des Dames pour eftre fainctes, qu'on loüeroit publi-quement, fi elles eftoient diffoluës. Il fe confole fur la fin fçachant bien que l'infamie que nous n'auons pas meritée contribuë à noftre gloire. Ce n'eft pas le monde qui nous doit iuger, mais nous iugerons le monde. I'ay cru obliger les Dames, en monstrant par la version de cette Lettre, ce qu'vn grand Docteur de l'Eglise a fait pour les obliger. Il ne pouuoit souffrir pour de plus nobles suiets qu'estoient les Dames de son temps ; & ie ne sçaurois offrir ses escrits à de plus beaux yeux, qu'à ceux des Dames de nostre siecle. Que celles-cy neantmoins imitent la saincteté des autres ; si elles veulent participer à leurs interests. Autrement ce qu'on dit en faueur des Sainctes, ne sçauroit appartenir aux Prophanes.

Dd ij

# LETTRE

## DE

# S HIEROSME

## A ASELLA

MADAME,

I. Quelque ressentiment de gratitude que ie puisse iamais auoir, ie me tromperois bien grossierement si ie croyois vous pouuoir iamais rendre vne suffisante reconnoissance. Vous auriez perdu vos biens-faits, si vous n'auiez obligé Dieu en son seruiteur; & si l'heritier du Pere eternel, qui est la source du bien & de la grandeur n'estoit le garand du moindre de tous les hommes. C'est luy qui vous peut rendre plus de graces que vous ne m'auez fait de faueurs, & vous donner non feulement ce que vous meritez, mais encore ce qu'il vous eft impoflible de meriter. Pour moy qui m'eftime abfolument indigne de tous les biens, i'auoüe que, comme ie ne puis dignement prifer l'affection que vous me portez, ie n'ay iamais pû la defirer auecque paffion. Ie fçauois affez qui vous eftiez, & ce que i'eftois. Mais ie voy bien que vous eftes liberale enuers le Createur, plutoft qu'enuers vne creature, & que vous ne regardez pas Hierof-me, mais IESVS-CHRIST. Au refte, ie loüe extremement voftre prudéce, auffi bien que voftre zele, en ce que, bien que plufieurs me iugent coupable, & qu'ils me calomnient tous outrageufe-ment, vous ne laiffez pas d'interpreter en bonne part, mefme leurs mauuaifes actions. En effect il eft bien dangereux de iuger d'vn feruiteur qui ne nous appartient pas : & ce n'eft pas vne legere fau-te de parler defauantageufement, mefme des moindres perfonnes du monde. Mais viendra le iour que vous regreterez auecque moy, de voir le malheur de plufieurs de ces mefdifans. On m'ap-pelle infame, feducteur, fourbe, impofteur, & on penfe me faire vne faueur, en ne me nommant pas Magicien, quoy qu'on penfe que i'vfe de for-tilege. On n'a pas voulu croire ces crimes des coul-pables, pour les croire des innocens!

D d iij

11. Quelques vns me venoient baiſer les mains, qui auoient des langues de vipere contre ma reputation ; Ils me diſoient de bouche qu'ils eſtoient bien marris de ma diſgrace, & neantmoins ils s'en reſiouyſſoient dans leur cœur. Noſtre Seigneur qui voyoit leur penſée, ſe moquoit de leurs deſſeins, & les reſeruoit à ſon iugement, auec celuy qu'ils auoient iugé. L'vn blaſmoit mon marcher, & l'autre ma contenance. Quelques vns ſe picquoient de ma façon de rire, & d'autres tenoient ma ſimplicité pour ſuſpecte, comme ſi c'euſt eſté vne fineſſe plaſtrée. Cependant ie rends graces à Dieu, de ce qu'ayant veſcu trois ans auec eux, ils n'ont rien trouué dans ma vie dequoy me reprendre, ſans qu'ils s'en ſoient pris à IESVS-CHRIST meſme. Ils m'ont veu bien ſouuent en la compagnie des filles, à qui i'interpretois l'Eſcriture ſainⷱte, pour leur faire quitter les liures prophanes. Ces conferences auoient produit l'aſſiduité, l'aſſiduité eſtoit ſuiuie d'vne conuerſation familiere, & la familiarité me donnoit l'aſſeurance de leur parler. Qu'ils diſent cependant s'ils m'ont iamais veu faire vne ſeule action qui n'ait eſté digne, ie ne diray pas d'vn homme, mais d'vn Chreſtien ? Ay-ie iamais pris d'argent de perſonne ? n'ay-ie pas meſpriſe les grandes gratifications, auſſi bien que les petits

preſens? ay-ie retenu le bien d'autruy , ay-ie iamais
tenu de propos à double entente : m'a-on veu ietter vne ſeule œillade laſciue ſur quelque obiect? En
vn mot, ay-ie iamais rien fait que tous les Saincts
n'euſſent peu faire ? Au lieu de me reprocher quelque crime, on me reproche mon ſexe , & i'ay
cette conſolation , qu'on ne blaſme pas ma perſonne, mais la nature.  Encore ne me fait-on ces
reproches, que lors que Paula & Melania partent
pour Hieruſalem, & ie croy qu'on me loüeroit ſi
elles s'en alloient en Babylone.

III.    Ie ſçay bien qu'on me dira qu'ayant
creu au faux rapport d'vn homme, on a maintenant de la peine à reconoiſtre la verité. Mais ceux
qui y ont adiouſté foy , quand il diſoit vn menſon-
ge , pourquoy ne le croyent-ils pas maintenant
qu'il ſe retracte de ce qu'il a dit, & nie ce qu'il aſ-
ſeuroit? C'eſt au iourd'huy le meſme homme qui
eſtoit auparauant, il confeſſe l'innocence de celuy
qu'il faiſoit prendre pour coulpable. Et certes,
quand on met quelqu'vn à la queſtion , on deſ-
couure plutoſt la verité, que lors que l'on ne l'in-
terroge que dans vn agréement ridicule ;  Mais
c'eſt le train ordinaire du monde, qu'on y croit
plutoſt ce qui eſt controuué, que ce qui eſt veritable, & qu'on appoſte meſme des perſonnes pour
inuenter des calomnies, quand on n'en trouue pas

d'appoſtées. Auant que ie fuſſe entre dans la maiſon de ſaincte Paula, ie ſemblois poſſeder les cœurs
de toute la Ville; & au iugement des Romains, ie
ſemblois eſtre digne d'eſtre fait Pape, quoy que ie
ne meritaſſe aucune ſorte d'honneur. On croyoit
en ce temps-là que ie ſerois ſucceſſeur de ſainct
Damaſe; on me traictoit des-ia de ſainéteté, on
m'appelloit humble & eloquent tout enſemble:
mais pour ce que i'ay frequenté vne Saincte, on
m'a d'abord eſtimé prophane?

IV.    Mais en conſcience, ſuis-ie entré dans la
maiſon d'aucune femme, dont la vie ſuſpecte euſt
peu faire blaſmer ma parfaicte integrité? Me ſuis-
ie laiſſe prendre à l'eſclat des habits de ſoye, à la ra-
rete des perles, à la beauté d'vn viſage, ou au prix
meſme de l'or? De toutes les Dames de Rome qui
ont fait impreſſion ſur mon eſprit, il n'y en a pas
vne qui n'ait fait plus d'eſtat de la triſteſſe, que de
la ioye, & du ieuſne continuel, que d'vne bonne
chere ordinaire. Ie n'ay frequenté que celles qui
dans la grandeur ne font eſtat que de la penitence, qui s'aucuglent preſque à force de ietter des
larmes, qui voyent leuer le Soleil ſur l'Oraiſon
qu'elles auoient commencée deuant la nuict; qui
ne ſçauent chanter que des Pſeaumes, ny parler que de l'Euangile; qui n'ont point de plaiſirs
que dans la continence, & la Mortification, ny

d'autres

d'autre vie que le ieufne.   Ie ne me fuis pleu
qu'en la conuerfation de celles que ie n'ay iamais
veuës manger, & qui s'entretiennent plus dans
le Ciel, que fur la terre. Cependant depuis que i'ay
commencé de les honorer à raifon de leur merite,
& à reuerer leur chafteté finguliere, il femble que
toutes les vertus m'ayent abandonné!

V.   Mais ie recognois bien que l'enuie n'ef-
pargnant pas fes propres fuiets, n'auoit garde de
m'épargner:& Satan eft trop rufé pour ne pas per-
fecuter l'innocence & la fimplicité desfainȼts. Parmy tant de femmes de la ville, on n'y a mal parlé
que de Paula & de Melania, pour ce que mefpri-
fant les richeȾes de la terre, elles fe font mifes en
eftat d'auoir vn threfor au Ciel: & pour s'eftre ran-
gées fous la banniere de la Croix & de la vraye pieté, on les met au rang des infames. Si elles fe trou-
uoient ordinairement aux bains, ou qu'elles fuf-
fent toufiours à oindre vn corps qui n'eft enfin que
pourriture ; fi elles fe feruoient de leurs richeffes &
de leur viduité, comme d'vne occafion de luxe &
de libertinage, on les traiȼteroit de Dames , &
dans l'impudence mefme , on trouueroit de
l'honnefteté ; on les appelleroit fainȼtes, fi elles
eftoient prophanes. Maintenant on dit qu'elles
veulent paroiftre belles, pour ce qu'elles portent
le fac & la cendre, on tient qu'à force de peniten-

Christ Magicien ; fi les Romains me nom-
ment Sorcier ; l'Apoftre a paffé pour Seducteur
auffi bien que pour Trompette de la verité. Ie ne
dois donc pas me fafcher de me voir mal traitté en
fi bonne compagnie.

IX.  Aprez tout ie fuis bien aife d'eftre ef-
prouué en toutes façons , pourueu que ie ne le
fois pas par deffus mes forces. Combattant fous la
banniere de la croix, ie n'ay prefque rien enduré,
bien que i'aye enduré beaucoup de chofes. C'eft
trop pour vn homme , mais c'eft peu pour vn
Chreftien.  On m'a voulu diffamer par vne noire
calomnie ; mais ie fçay qu'on arriue à la gloire par
l'ignominie, auffi bien que par la bonne reputation.  Agréez icy que ie faluë ces Dames qui font
auecque vous , & que ie puis appeller miennes
en Iesvs-Christ, quoy que le monde y trouue à redire.  Si elles vous parlent de moy , dites
leur que nous nous reuerrons deuant le tribunal
de Iesvs Christ, & que là on defcouurira
les intentions des perfonnes qui nous font maintenant cachées.  Pour conclufion , Madame, ie
vous coniure de vous fouuenir de moy, qui ne me
fçaurois iamais oublier de voftre vertu. Ie m'en-
barque en danger d'eftre expofé aux orages de la
Mer ; mais ie les crains toufiours moins que les
tempeftes, qu'on a tafché de me foufleuer fur la

E e iij

fur le poinct de mon embarquement ; perfuadez-
vous au refte, que mes larmes ont prefque effacé
les impreffions de ma plume, & que i'ay bien eu de
la peine à ne me pas fafcher extraordinairement
pour la querelle de Dieu. En tout cas, ie remercie
noftre Seigneur de l'affection qu'il m'a tefmoi-
gnée, en me iugeant digne d'eftre hay du monde : priez-le encore qu'il me permette de retour-
ner de Babylone en Hierufalem, & d'eftre pluftoft
fous la domination de I E S V S, que de Nabuchodonofor. I'ay befoin d'vn Efdras, qui de l'exil me
puiffe ramener dans ma patrie. Cependant que
i'eftois infenfé de vouloir chanter vn Cantique à
l'honneur de Dieu dans vne terre ennemie de fa
gloire, & de rechercher le fecours d'Egypte, ayant
quitté le mont de Sina ? Ie ne me fouuenois pas de
l'Euangile qui nous dit, qu'vn homme, fortant de
la cité de paix, entre dans le danger d'vne cruelle
guerre, que les voleurs luy liureront. Il ne fe faut
pas eftonner s'il meurt, veu qu'il a quitté le feiour
de la vie; mais quoy qu'vn Preftre paffe fans fonger à fa guerifon, & qu'vn Leuite la neglige, il
trouue enfin le veritable Samaritain, qui a
plus de mifericorde, que nous n'auons de mifere.
Ainfi, quoy que plufieurs dient que ie fuis malfai-
cteur, i'ay l'honneur de porter vn des tiltres de
mon Maiftre. Les Iuifs ont appellé I E S V S-

ce, elles tâchent de se disposer aux supplices de l'autre vie. Cela veut dire qu'elles n'ont pas le bon-
heur de perir en compagnie des autres auec l'apro-
bation du peuple.

VI. Encore si c'estoient des Gentils, qui blas-
massent leur forme de vie., ou des Iuifs qui la con-
damnassent, elles auroient pour le moins la satisfaction de desplaire à ceux à qui I E S V S-C H R I S T
mesme n'a sceu plaire. Mais, chose estrange ! ce
sont des Chrestiens qui persecutent des Chrestiennes, qui laissent le vice réel dans leur maison, pour
en chasser l'apparence de celle des autres, qui
voyent vn festu dans l'œil de leur prochain, &
n'apperçoiuent pas vne poutre dans le leur. Ils
croyent meriter deuant Dieu en empeschant que
d'autres ne meritent deuant luy, & pensent trouuer vn remede à la peine de leurs pechez, en faisant
en sorte qu'il n'y ait personne de iuste. Il semblent
ouyr leur panegyrique, quand on detracte de leur
prochain, & vous diriez qu'ils mettent leur salut
à perir en compagnie; enfin ils se iustifient par la
multitude des pecheurs.

VII. Mais il faut que ie parle à ces gens-là,
quoy que ie n'aye aucun commerce auec eux.
Vous vous plaisez donc, Messieurs, à prendre
tous les iours des estuuées, mais vn autre dira que
cette netteté que vous affectez, n'est propre-

ment que fouïlleure. Vous fentez à la graiffe de la
chair que vous mangez, pour moy ie me contente d'auoir des feues pour mes repas ordinaires:
vous ne vous plaifez qu'en la compagnie des perfonnes qui font eftat de rire toufiours, de moy
ie ne me plais qu'en la conuerfation de Paula &
de Melania, qui pleurent inceffamment. Vous
defirez le bien d'autruy, ces Dames mefprifent le
leur ; le vin vous degoufte, s'il n'eft meflé auecque
du miel : Mais elles ne trouuent point de gouft,
qu'à boire de l'eau toute pure. Vous penfés perdre tout ce que vous n'auez-pas en ce monde, &
vous vous croyez pauures, fi vous n'auez dequoy
fournir à vos fuperfluitez. Elles au contraire n'ont
point de foin que pour l'aduenir, & ne regardent
pas tant les commoditez de cette vie, que les aduantages de l'autre. Cette façon d'agir vous defplaift, mais auffi la voftre nous eft fort defagreable.
Soyez gras tant que vous voudrez, ie veux eftre
toufiours maigre. Ie crois auoir bonne couleur,
fi i'ay le vifage vn peu pafle. Vous nous eftimez
miferables, & nous vous croyons plus miferables
que nous. Nous nous compatiffons reciproquement , & nous accufons d'vne folie mutuelle,
mais la noftre eft fageffe deuant Dieu, fi la voftre
eft prudence deuant les hommes.

   VIII.   Voilà, Madame, ce que i'ay conceu

terre. Outre que i'ay vne ferme confiance que vos prieres me feront trouuer la bonnace parmy la fureur des vagues, & que Hierofme fera toufiours victorieux ; pourueu qu'Afella leue toufiours les mains : Songez vn peu au moindre de tous les feruiteurs de Dieu, quand vous fongerez à leur Maiftre : vous meriterez d'autant plus en ce faifant, que vous obligerez vne perfonne qui ne penfe rien meriter.

FIN